"双碳"目标下
低碳经济
生态体系构建

杨雪滢　著

化学工业出版社

·北京·

内容简介

本书以"双碳"目标下低碳经济生态体系构建为主线,立足于全球低碳化转型背景,以国家"3060 双碳目标"发展为契机,深入结合我国能源供给、消纳等现状特点,构建符合生态学原理的低碳经济生态体系并进行研究与分析,提出适合我国国情的"双碳"目标下清洁能源发展战略及实施路径,找寻实现"双碳"目标的路径及突破口,对我国实现"双碳"战略目标、对全球实现碳中和具有一定的理论及实践意义。

本书对我国"双碳"目标的实现起到了抛砖引玉的作用,可供清洁能源、经济管理、生态领域相关科研、工程和管理人员参考,也供高等学校生态环境专业、经济管理专业及相关专业师生参阅。

图书在版编目(CIP)数据

"双碳"目标下低碳经济生态体系构建/杨雪滢著.
北京:化学工业出版社,2024.12. — ISBN 978-7-122-46943-4

Ⅰ.F124.5

中国国家版本馆 CIP 数据核字第 2024G16J38 号

责任编辑:董 琳　　　文字编辑:徐 秀　师明远
责任校对:李露洁　　　装帧设计:关 飞

出版发行:化学工业出版社
　　　　　(北京市东城区青年湖南街 13 号　邮政编码 100011)
印　　装:北京建宏印刷有限公司
710mm×1000mm　1/16　印张 12½　字数 208 千字
2025 年 3 月北京第 1 版第 1 次印刷

购书咨询:010-64518888　　　售后服务:010-64518899
网　　址:http://www.cip.com.cn

凡购买本书,如有缺损质量问题,本社销售中心负责调换。

定　　价:98.00 元　　　　　版权所有　违者必究

前言

党中央"十四五规划"和"2035远景目标"中的重要内容之一是降低碳排放强度,支持有条件的地方率先达到碳排放峰值,制定2030年前碳达峰、2060年前碳中和的战略目标及行动方案。这对当下我国能源转型提出了紧迫的要求,制定碳排放达峰行动方案,尽快实现碳中和是中国经济的内在需求,是能源保障、产业转型的重要抓手。科技创新和产业升级结合碳减排,通过碳成本要素的流动,能够推动我国产业结构性改革,助力新质生产力的发展。同时,碳中和具有对立性,体现在大国博弈和贸易摩擦。排碳限制的本质,是一种发展权的限制;而碳关税的本质,是应对贸易劣势的一种手段。碳中和将助力我国树立负责任的大国形象,在全球竞争中掌握主动权和话语权。

本书从供给、消费、技术、机制等多角度出发,运用协同论思想对我国省域能源水平供给消费与能源产业构成现状进行梳理,利用能源消纳和能源供给体系对清洁能源产业构成进行分析;进一步针对省域清洁能源产业发展战略目标进行设计;运用生态学思想构建"双碳"目标下省域低碳经济生态体系模型,对其进行综合评价与测度,从终端电气化、可再生能源利用化、废物回收化、节能提效化角度，探索省域清洁能源战略实施要素；从不同层面识别省域实施低碳经济关键路径，探索省域清洁能源实施开发路径；最后借鉴国内外低碳经济发展区域先进经验，进一步提出相应政策保障措施，确保我国清洁能源战略与路径的顺利实施与目标达成。我国区域经济发展不平衡，各省区域之间低碳经济发展存在差异。因此，深入分析并了解我国省域碳经济发展现状，构建低碳经济生态体系、测度区域低碳经济评价及实施行动方案，对尽早实现"双碳"目标具有重要意义。

本书获得 2022 年度吉林省教育厅人文社科研究重点项目"双碳"目标下吉林省低碳经济生态体系构建及关键路径识别（项目号 JJKH20220695SK）资助；2023 年度吉林省科技发展计划重点招标项目吉林省"专精特新"中小企业高质量发展培育研究（项目号 20230601013FG）资助；2023 年中国国家留学基金资助；2023 年长春市哲学社会科学规划项目"双碳"战略与长春经济增长路径研究（项目号 CSK2023ZYJ-003）资助；长春工业大学智能管理驱动与产业链韧性再造学术创新团队的支持。

本书的顺利完成受益于许多关爱、支持和鼓励著者的人们，在此深深表示感谢。首先感谢长春工业大学经济管理学院刘海英院长等学院领导对于教师科研工作的大力支持，感谢姜建华教授带领的长春工业大学智能管理驱动与产业链韧性再造学术团队的学术熏陶。同时感谢长春工业大学经济管理学院的硕士研究生魏嘉、叶文欣、马岚岚、刘慧敏等的辛勤付出，从学术文献的收集、"双碳"领域资料查阅到数据整理工作，在时间和质量上协助了本书的顺利完成。最后还要感谢各位相关领域的专家与广大读者。

本书从规划设计到最终的成稿历时一年多的时间，虽然工作量繁重，但付出后获得的成就与喜悦难以言表，感慨于坚持的意志力！限于著者水平及时间有限，书中不足和疏漏之处在所难免，敬请读者提出修改建议。

著者

2024 年 8 月

目录

第 1 章　绪论　／ 001

1.1　研究背景　／ 002
　1.1.1　"双碳"目标发展新趋势　／ 003
　1.1.2　国际竞争的经济博弈　／ 006
1.2　国内外研究现状　／ 012
　1.2.1　低碳经济理论研究现状　／ 012
　1.2.2　清洁能源理论研究现状　／ 019
1.3　研究目的与意义　／ 021
1.4　研究主要思路、主要内容和方法　／ 022
1.5　本书研究创新点　／ 026

第 2 章　"双碳"目标下低碳经济理论研究综述　／ 028

2.1　低碳经济理论　／ 029
　2.1.1　低碳经济的概念探讨　／ 029
　2.1.2　低碳经济模式及特征　／ 030
　2.1.3　低碳经济实施障碍　／ 032
　2.1.4　低碳经济模式研究述评　／ 033
2.2　清洁能源相关理论　／ 034
　2.2.1　清洁能源概念　／ 034
　2.2.2　清洁能源实施战略　／ 038
　2.2.3　清洁能源发展路径　／ 039
2.3　碳减排碳足迹相关理论　／ 043
　2.3.1　碳减排概述　／ 043

2.3.2	碳足迹概述	/ 044
2.3.3	碳减排路径	/ 052
2.3.4	碳足迹应用	/ 053

第3章　我国省域能源水平供给消费与能源产业构成现状　　/ 057

3.1　我国省域能源水平供给消费　　/ 058
   3.1.1　我国省域能源资源禀赋现状　　/ 058
   3.1.2　我国省域能源消费发展现状　　/ 075
3.2　我国省域能源产业构成现状　　/ 078
   3.2.1　我国省域产业结构发展现状　　/ 078
   3.2.2　我国省域能源效率发展现状　　/ 081

第4章　"双碳"目标下省域低碳经济生态体系模型构建　　/ 084

4.1　低碳经济发展子系统　　/ 085
   4.1.1　影响因素分析　　/ 085
   4.1.2　指标选取　　/ 089
4.2　能源供给与消耗子系统　　/ 090
   4.2.1　影响因素分析　　/ 090
   4.2.2　指标选取　　/ 094
4.3　碳排放子系统　　/ 094
   4.3.1　影响因素分析　　/ 094
   4.3.2　指标选取　　/ 099
4.4　碳汇能力子系统　　/ 100
   4.4.1　影响因素分析　　/ 100
   4.4.2　指标选取　　/ 103
4.5　碳减排子系统　　/ 104
   4.5.1　影响因素分析　　/ 104
   4.5.2　指标选取　　/ 106

第5章　"双碳"目标下省域低碳经济生态体系评价的实证设计　　/ 108

5.1　评价指标体系的设计　　/ 109

  5.1.1 指标设计 / 109
  5.1.2 因素选取 / 109
  5.1.3 方法选取 / 110
  5.1.4 数据来源 / 110
 5.2 灰色关联分析 / 111
  5.2.1 样本与变量的描述性统计 / 111
  5.2.2 计算灰色关联系数 / 112
  5.2.3 样本灰色关联测度 / 112
 5.3 层次分析法指标权重计算 / 128
  5.3.1 建立层次结构模型 / 128
  5.3.2 构造判断矩阵 / 129
  5.3.3 层次单排序及其一致性检验 / 130
  5.3.4 层次总排序及其一致性检验 / 132
 5.4 结果分析 / 133
  5.4.1 综合评价 / 133
  5.4.2 对策建议 / 134
  5.4.3 研究展望 / 136

第6章 "双碳"目标下省域发展低碳经济关键路径设计 / 137

 6.1 能源消耗与供给系统设计 / 138
  6.1.1 基于能源消耗与供给的清洁能源供应体系设计 / 138
  6.1.2 基于减少工业碳排放的碳捕获碳储存路径设计 / 140
  6.1.3 基于减少交通运输业碳排放布局新能源交通工具路径设计 / 143
 6.2 低碳经济发展系统设计 / 145
  6.2.1 基于回收利用的绿色低碳循环经济路径设计 / 145
  6.2.2 基于节能提效的低碳社会系统路径设计 / 148
  6.2.3 基于碳减排碳吸纳的碳汇路径设计 / 149

第7章 我国省域发展低碳经济、实施清洁能源战略政策保障措施 / 152

 7.1 加快推进CCS/CCUS技术应用 / 153
  7.1.1 加大政府支持力度 / 154
  7.1.2 加强CCUS技术环境风险评价和质量管理 / 155

7.2 完善低碳经济法制保障体系 / 156
   7.2.1 完善企业节能减排政府补贴激励政策 / 156
   7.2.2 建立绿色信贷金融体系 / 156
   7.2.3 加快新能源交通工具推广更新 / 157
7.3 合理调整优化产业结构 / 159
   7.3.1 调整优化能源结构、增加清洁能源比重 / 159
   7.3.2 重视碳汇价值、推动碳汇发展 / 160

第 8 章 国内外发展低碳经济典型案例分析 / 163

8.1 我国青海省发展低碳经济措施及成效 / 164
   8.1.1 青海省实施清洁能源战略主要做法 / 164
   8.1.2 青海省实施清洁能源战略主要成效 / 166
8.2 德国清洁能源实施情况分析 / 168
   8.2.1 德国实施清洁能源战略的主要做法 / 169
   8.2.2 德国实施清洁能源战略主要成效 / 170
8.3 欧盟清洁能源实施情况分析 / 172
   8.3.1 欧盟实施清洁能源战略主要做法 / 172
   8.3.2 欧盟实施清洁能源战略主要成效 / 174
8.4 英国清洁能源实施情况分析 / 176
   8.4.1 英国实施清洁能源战略主要做法 / 176
   8.4.2 英国实施清洁能源战略主要成效 / 178
8.5 国内外典型案例对我国发展低碳经济的启示 / 180

第 9 章 总结与展望 / 182

9.1 研究内容总结 / 183
9.2 研究展望 / 185

参考文献 / 186

第 1 章

绪 论

本章强调了全球气候变化和碳排放问题的紧迫性，并概述了中国政府在应对气候变化方面的政策立场和承诺。中国提出的"双碳"目标是 2030 年前实现碳达峰，2060 年前实现碳中和，这是基于国内经济和能源结构的现实情况而制定的战略决策。本章详细探讨了低碳经济和清洁能源的理论研究现状，以及国际上其他国家在低碳经济发展和碳达峰碳中和目标方面的努力。通过文献回顾，本章总结了国内外在低碳经济和清洁能源领域的研究成果，并提出了研究的目的和意义。

本书研究的主要思路包括理论研究、模型构建和实证研究三个阶段，旨在构建一个符合中国国情的低碳经济生态体系，并提出实现"双碳"目标的发展路径和政策保障措施。同时，也提出了研究创新点，包括研究主题的前沿性、研究对象的广泛性和研究结果的实践性。

1.1 研究背景

自工业革命以来，全球经济高速发展，高楼林立、车水马龙，但全球变暖、平均气温上升速度加快、冰川融化等一系列问题也随之而来。越来越多的证据和研究表明，导致全球性气候变化的很大一部分原因是温室气体二氧化碳的排放量过高。若不加以控制，任由二氧化碳肆意排放，未来全世界都将面临更加频发的灾害性极端天气，甚至是毁灭性的灾难。如何能在不影响经济稳步发展的同时，又能控制二氧化碳的排放量——这一问题与每个人类息息相关，世界各国史无前例地进行了一场大规模合作，越来越多的国家相继达成了碳中和目标，参与全球气候治理，催生了新一轮全球性的能源技术与产业革命升级。

绿色发展是高质量发展的底色，新质生产力本身就是绿色生产力。作为新一轮科技革命和产业变革中最有前景的发展领域之一，绿色发展不仅能够为经济社会发展创造增长新亮点，而且能够促进人与自然和谐共生。加快发展新质生产力，必须牢固树立和践行"绿水青山就是金山银山"的理念，坚定不移走生态优先、绿色发展之路。要抓住全球绿色经济、绿色技术、绿色产业快速发展的机遇，加快绿色科技创新和先进绿色技术推广应用，做强绿色制造业，发展绿色服务业，壮大绿色能源产业，发展绿色低碳产业和供应链，构建绿色低碳循环经济体系，不断提升经济发展的"含金量"和"含绿量"。

1.1.1 "双碳"目标发展新趋势

"双碳"即碳达峰与碳中和的简称。碳达峰是指某个地区或行业年度二氧化碳排放量达到历史最高值，碳排放进入平台期后进入平稳下降阶段。碳中和是指使社会发展、生活和生产用能过程中产生的二氧化碳与植物吸收的二氧化碳通过碳汇活动抵消的二氧化碳实现对等，从而使碳排放接近于零，做到"零碳"。

1992年，中国成为最早签署《联合国气候变化框架公约》（以下简称公约）的缔约方之一。之后，中国不仅成立了国家气候变化对策协调机构，而且根据国家可持续发展战略的要求，采取了一系列与应对气候变化相关的政策措施，为减缓和适应气候变化作出了积极贡献。在应对气候变化问题上，中国坚持共同但有区别的责任原则、公平原则和各自能力原则，坚决捍卫包括中国在内的广大发展中国家的权利。2002年中国政府核准了《京都议定书》。2007年中国政府制定了《中国应对气候变化国家方案》，明确到2010年应对气候变化的具体目标、基本原则、重点领域及政策措施，要求2010年单位GDP能耗比2005年下降20%。2007年，科技部、国家发展改革委等14个部门共同制定和发布了《中国应对气候变化科技专项行动》，提出到2020年应对气候变化领域科技发展和自主创新能力提升的目标、重点任务和保障措施。

2013年11月，中国发布第一部专门针对适应气候变化的战略规划《国家适应气候变化战略》，使应对气候变化的各项制度、政策更加系统化。2015年6月，中国向公约秘书处提交了《强化应对气候变化行动——中国国家自主贡献》文件，确定了到2030年的自主行动目标：二氧化碳排放在2030年左右达到峰值并争取尽早达峰；单位国内生产总值二氧化碳排放比2005年下降60%～65%，非化石能源占一次能源消费比重达到20%左右，森林蓄积量比2005年增加45亿立方米左右，并继续主动适应气候变化，在抵御风险、预测预警、防灾减灾等领域向更高水平迈进。作为世界上最大的发展中国家，中国为实现公约目标所能作出的最大努力得到国际社会的认可，世界自然基金会等18个非政府组织发布的报告指出，中国的气候变化行动目标已超过其"公平份额"。

2015年12月12日，《巴黎协定》在联合国气候大会上通过，设定了"把全球平均气温升幅控制在工业化前水平以上低于2℃之内，并努力将气温升幅限制在工业化前水平以上1.5℃之内"的长期目标，为何要将气温升幅控制在

1.5℃？这是由于政府间气候变化专门委员会（IPCC）发布的《IPCC全球升温1.5℃特别报告》指出若将全球气温上升幅度控制在1.5℃以内，将能避免大量气候变化带来的损失与风险。

《巴黎协定》还提出为了实现长期气温目标，缔约方的目标是尽快实现全球温室气体排放峰值，并且在本世纪下半叶实现温室气体源的人为排放与清除之间的平衡"。在中国的积极推动下，世界各国在2015年达成了应对气候变化的《巴黎协定》，中国在自主贡献、资金筹措、技术支持、透明度等方面为发展中国家争取了最大利益。

2016年，中国率先签署《巴黎协定》并积极推动落实。目前全球已有近200个缔约方批准了《巴黎协定》，覆盖绝大多数的国家和地区。到2021年第一季度末，已有80个国家和地区向联合国提交了更新的国家自主贡献目标（NDC）。另外，根据联合国环境规划署发布的最新研究报告，全球已有127个国家和地区作出了到本世纪中叶实现碳中和的承诺，其碳排放量占全球2020年碳排放总量的65%。而且，作出碳中和承诺的国家数量还在快速增加。由此可见，全球已经就加强应对气候变化达成广泛共识，碳达峰碳中和是实现这一目标的主要手段。到2019年底，中国提前并超额完成2020年气候行动目标，树立了信守承诺的大国形象。通过积极发展绿色低碳能源，中国的风能、光伏和电动车产业迅速发展壮大，为全球提供了性价比最高的可再生能源产品，让人类看到可再生能源大规模应用的"未来已来"，从根本上提振了全球实现能源绿色低碳发展和应对气候变化的信心。

2020年，我国在第七十五届联合国大会一般性辩论上阐明，应对气候变化《巴黎协定》代表了全球绿色低碳转型的大方向，是保护地球家园需要采取的最低限度行动，各国必须迈出决定性步伐。同时宣布，中国将提高国家自主贡献力度，采取更加有力的政策和措施，二氧化碳排放力争于2030年前达到峰值，努力争取2060年前实现碳中和。这一目标是基于对我国目前经济发展状况、能源消耗现状等从宏观战略层面制定的发展要求，表现了我国对于应对全球气候变化这一问题的决心。到2030年，全球约1/3的国家将会陆续达峰，占全球温室气体总量的60%左右。而碳中和指的是在一定时间内，直接或间接产生的温室气体排放总量通过植树造林、节能减排等形式，抵消自身产生的二氧化碳排放，实现二氧化碳的零排放，强调净排放量为0。中国的这一庄严承诺，在全球引起巨大反响，赢得国际社会的广泛积极评价。在此后的多个重大国际场合，我国反复重申了中国的"双碳"目标，并强调要坚决落实。特别是在 2020 年 12 月举行的气候雄心峰会上,我国进一步宣布,到 2030 年,经济社会发展全面绿色转型取得显著成效,重点耗能行业能源利用效率达到国际先进水平。单位国内生产总值能耗大幅下降;单位国内生产总值二氧化碳排放比 2005 年下降 65% 以上;非化石能源消费比重达到 25% 左右,风电、太阳能发电总装机容量将达到 12 亿千瓦以上。

2021 年 10 月,中共中央、国务院发布《关于完整准确全面贯彻新发展理论做好碳达峰碳中和工作的意见》,提出了构建绿色低碳循环发展经济体系、提升能源利用效率、提高非化石能源消费比重、降低二氧化碳排放水平、提升生态系统碳汇能力五个方面的主要目标。提出 2025 年,绿色低碳循环发展的经济体系初步形成,重点行业能源利用效率大幅提升。单位国内生产总值能耗比 2020 年下降 13.5%;单位国内生产总值二氧化碳排放比 2020 年下降 18%;非化石能源消费比重达到 20% 左右;森林覆盖率达到 24.1%,森林蓄积量达到 180 亿立方米,为实现碳达峰碳中和奠定坚实基础。到 2030 年,经济社会的绿色转型将全面推进,重点耗能行业能源利用效率将达到全球领先标准。单位国内生产总值能耗大幅下降;单位国内生产总值二氧化碳排放比 2005 年下降 65% 以上;非化石能源消费比重达到 25% 左右,风电、太阳能发电总装机容量达到 12 亿千瓦以上;2060 年,绿色低碳循环发展的经济体系和清洁低碳安全高效的能源体系全面建立,能源利用效率达到国际先进水平,非化石能源消费比重达到 80% 以上,碳中和目标顺利实现,生态文明建设取得丰硕成果,开创人与自然和谐共生新境界。中国将以新发展理念为引领,在推动高质量发展中促进经济社会发展全面绿色转型,脚踏实地落实上述目标,为全球应对气候变化作出更大贡献。

2022 年 10 月,二十大报告提出,积极稳妥推进碳达峰碳中和。实现碳达峰碳中和是一场广泛而深刻的经济社会系统性变革。立足我国能源资源禀赋,坚持先立后破,有计划分步骤实施碳达峰行动。完善能源消耗总量和强度调控,重点控制化石能源消费,逐步转向碳排放总量和强度"双控"制度。推动能源清洁低碳高效利用,推进工业、建筑、交通等领域清洁低碳转型。深入推进能源革命,加强煤炭清洁高效利用,加大油气资源勘探开发和增储上产力度,加快规划建设新型能源体系,统筹水电开发和生态保护,积极安全有序发展核电,加强能源产供储销体系建设,确保能源安全。完善碳排放统计核算制度,健全碳排放权市场交易制度,提升生态系统碳汇能力。积极参与应对气候变化全球治理。在全球低碳经济浪潮的席卷之下,积极推动绿色发展转型成为中国转变发展方式和转换发展动能的必然选择。同年 11 月，国家发展改革委、国家统计局、国家能源局三部门先后出台《关于进一步做好原料用能不纳入能源消费总量控制有关工作的通知》《关于进一步做好新增可再生能源消费不纳入能源消费总量控制有关工作的通知》，为各地落实新版"双控"制度明确了细则和任务。

2023 年 7 月，中央全面深化改革委员会第二次会议审议通过《关于推动能耗双控逐步转向碳排放双控的意见》。该意见提出了有计划、分步骤推动制度转变的工作安排和实施路径，将为加快促进经济社会发展全面绿色转型、助力推动高质量发展提供有力的政策支持。同年 8 月，国家发展改革委会同科技部等九部门印发《绿色低碳先进技术示范工程实施方案》。实施绿色低碳先进技术示范工程，布局一批技术水平领先、减排效果突出、示范效应明显、减污降碳协同的示范项目，不仅有利于先进适用技术应用推广，也有利于完善支持绿色低碳新产业新业态发展的商业模式和政策环境，是促进形成绿色低碳产业竞争优势的关键举措。同年 11 月，国家发展改革委会同有关部门印发《关于加快建立产品碳足迹管理体系的意见》，推动建立符合国情实际的产品碳足迹管理体系，发挥产品碳足迹管理体系对生产生活方式绿色低碳转型的促进作用，为实现碳达峰碳中和提供支撑。产品碳足迹管理体系的建立将有利于推动产业升级，助力企业节能降碳。

"双碳"目标是我国基于推动构建人类命运共同体的责任担当和实现可持续发展的内在要求而作出的重大战略决策，展示了我国为应对全球气候变化作出的新努力和新贡献，体现了对多边主义的坚定支持，为国际社会全面有效落实《巴黎协定》注入强大动力，重振全球气候行动的信心与希望，彰显了中国积极应对气候变化、走绿色低碳发展道路、推动全人类共同发展的坚定决心，向全世界展示了应对气候变化的中国雄心和大国担当，对全世界都具有重大的战略意义，使我国从应对气候变化的积极参与者、努力贡献者，逐步成为关键引领者。

1.1.2 国际竞争的经济博弈

随着全球工业化不断推进、气候持续变暖，严重的气候危机使人类警惕起来。高碳经济已经走向末路，推动低碳经济发展模式成为解决经济发展与生态环境矛盾的有效道路。自低碳经济这一概念兴起并被世界所熟知和重视后，各国针对气候治理、节能减排密集出台了一系列政策、细致规划了各项举措，纷纷提出了碳中和目标以共同应对这场全人类的气候危机。截至2022上半年，提出碳中和承诺的国家和地区，已经覆盖了全世界88%的二氧化碳排放量、90%的国内生产总值（GDP）和85%的人口。目前，苏里南（2014年）、不丹（2018年）、柬埔寨（2019年）、贝宁（2021年）、圭亚那（2022年）等国家已经成功实现碳中和，全球已有136个国家和地区宣布了碳中和目标。在实现"双碳"目标进程中，颠覆性的技术变革将大幅度地改变现有的社会经济发展结构，人类活动在未来几十年中将发生剧变，世界正迎来以绿色低碳为特征的新一轮产业革命和技术变革。

在低碳经济的进一步深化发展过程中，低碳转型创新已成为经济社会发展的竞争高地。清洁能源的使用与发展面临重大机遇，传统化石能源则面临改造或弃用的风险，商品原材料生产、加工、运输的价值链也随之发生位移，以绿色产业为重心的国际新经贸结构将逐渐成为未来支撑世界经济的主流。以低碳为代表的新技术、新标准和新专利，以及最先开发和掌握低碳技术的国家会成为全新的经济主导，而其他国家在新一轮的竞争中会遭遇全新的技术贸易壁垒。

欧美日等传统发达国家和地区都已加入对绿色技术的研发投入，将其升级为与其他高新技术产业占据同等重要的地位，成为低碳经济发展与竞争的重要推动力，并为后续的技术授权转让、绿色产业升级等方面提供坚实基础与竞争优势。对于发展中国家来说，环保壁垒成为当前需要着重关注的焦点问题，绿色技术成为全新的世界标准，对于依赖传统工业的发展中国家会形成更高的门槛，由此碳生产率的竞争成为当前国际区域之间合作交易的关键，同时国际和区域之间的碳合作以及碳博弈等竞争也会更加激烈。比如对新兴绿色低碳产业的行业认定、包括碳减排在内的各类低碳标准制定、包括碳交易在内的各款绿色规则约定、包括绿色金融在内的各种市场准入门槛等，都面临着新一轮的国际博弈和谈判进程。谁能在标准谈判上占据重要先机，谁就能掌握全球低碳新时代的大国话语权。下面是部分国家碳减排碳中和的行动战略。

(1) 德国——积极实施能源转型

德国是全球最积极实施能源转型的国家。1990年就实现了碳达峰，近20年德国的碳排放强度降幅近20%。德国于2019年11月通过了《德国联邦气候保护法》，计划到2030年温室气体排放总量较1990年至少减少55%，到2050年实现碳中和。2021年5月12日，联邦内阁根据联邦环境部长舒文嘉·舒尔茨（Svenja Schulze）的建议，通过了《德国联邦气候保护法》的修订版法案，核心内容包括计划2030年温室气体排放较1990年减少65%，2040年温室气体排放较 1990 年减少 88%，2045 年实现碳中和。

德国为促进碳中和所构建的法律体系体现了系统性的方法。德国联邦政府在气候立法前，已经制定及发布了"德国适应气候变化战略"（The German Strategy for Adaptation to Climate Change）、"适应行动计划"（The Adaptation Action Plan）、"气候保护规划 2050"等一系列国家长期减排战略、规划和行动计划，以此框定目标、取得共识。在此基础上，再通过《联邦气候立法》《可再生能源法》《国家氢能战略》等一系列法律法规增强约束力，进而再落实具体行动计划，制定了《气候行动计划 2030》，对每个产业部门的具体行动措施做了明确的规定。

① 能源领域。德国全面启动碳排放交易系统，从事取暖油、天然气、汽油或柴油交易的公司需要支付排放二氧化碳的费用，政府将会把这部分收入重新投资于气候行动措施中，返还给公民以抵消更高的碳成本；德国内阁于 2020 年 6 月批准《退煤法案》，宣布德国将在 2038 年之前逐步淘汰煤电；主张加大对风能和太阳能的利用。目标到 2030 年，可再生能源将占总用电量的 65%。2050 年之前，所有发电和消费都将实现温室气体中和。

② 交通运输领域。发布充电基础设施总体规划，支持电动汽车替代发动机技术，将其应用于当地公共交通和铁路运输。政府鼓励购买电动汽车，将购买电动汽车的环保补贴延长至 2025 年，并增加了补贴总金额。此外，德国政府为鼓励市民乘坐长途铁路出行，自 2020 年 1 月起，降低了长途铁路出行的增值税，提高了航空增值税。

③ 工业领域。在诸如碳捕集使用与封存技术、移动和固定式储能系统电池技术、材料节约型和资源节约型的循环经济技术等领域，德国联邦政府通过设立数十亿元产业基金的方式，进一步拉动工业部门投入研发资金。

④ 农林业领域。到 2030 年，有机农业用地的比例将从目前的 9.7% 增加到 20%，从而实现每年减少 40 万吨至 120 万吨二氧化碳当量的排放。此外，德国联邦政府还注重对森林和木材使用的保护和可持续管理、农业的能源效率、耕地腐殖质的保存和形成、永久草原的保护、保护沼泽土壤、减少堆肥中使用泥炭、增加食物的可持续消费。

⑤ 财政领域。德国联邦政府将补贴政策与激励机制相融合，在 2021 年和 2022 年根据《可再生能源法案》降低可再生能源税。自 2020 年 1 月起，德国联邦政府为鼓励居民低碳出行，不论距离远近，铁路票价适用的增值税税率均降至 7%。并调高了欧洲境内航班的增值税；德国联邦政府还非常注重从细小环

节考虑居民对政府大笔气候保护财政政策的获得感。例如，政策设计中包含了为低收入者增加通勤津贴以及增加住房福利，对这部分群体给予财政援助；提供针对性的资助措施，如针对气候友好型运输和节能建筑减少可再生能源税等。

未来，德国碳中和战略同样面临巨大挑战。德国严重依赖能源进口，这不仅减慢了转型进度，而且还可能削弱转型的稳定性。任何外部因素（例如政策或气候变化）都可能严重影响转型进程。因此，虽然德国已经明确制定了碳中和政策，但要实现自给自足的能源结构还有很长的路要走。

（2）英国——政策制度改革创新

① 制度体系完善。英国较早开始对绿色低碳转型进行探索，在中长期减排目标上取得了较为显著的进展，并积极参与和推动全球气候治理体系的改革创新。英国是第一个将碳中和目标明确写入法律的发达国家，也是第一个开始碳中和实践的国家，英国还是世界上第一个碳中和承诺规范的国家。梳理英国政府过去数十年应对气候变化的战略政策，总结英国气候战略演变典型特征，可分为4个发展阶段，英国碳减排与气候治理发展的4个阶段战略如表1-1所列。

表1-1 英国碳减排与气候治理发展的四个阶段战略

发展阶段	具体政策
治理起步期 （1990～1999年）	1990年出台《环境保护法案》，启动大气污染综合治理；1992年政府间气候变化专门委员会（IPCC）通过《联合国气候变化框架公约》；1993年出台《清洁空气法》，完善法律约束；1995年制定《天然气法》，加快市场化改革；1997年IPCC通过减排条约《京都议定书》
治理探索期 （2000～2009年）	2002年试行全球首个碳排放交易体系，推动欧盟ETS体系建立；2003年《能源白皮书：低碳经济》首次提出低碳经济概念；2007年《能源白皮书：应对能源挑战》将可再生能源纳入长期发展战略；2009年出台首个《低碳经济计划》
改革转型期 （2010～2018年）	2016年重组"商业、能源与工业战略部"，统筹国家能源与气候战略政策；2017年《清洁增长战略》制定全经济领域减排目标，把减排作为英国工业战略的核心
净零推进期 （2019年～今）	2019年，英国政府完成《气候变化法》修法，成为全球首个立法承诺2050年实现净零排放的主要经济体，正式迈入碳中和治理的全新阶段。此后，政府出台《绿色工业革命十点计划》纲领性战略，并密集发布《2050年净零排放战略》《工业脱碳战略》《交通脱碳计划》《氢能战略》《净零研究创新框架》等一揽子体系化政策

② 交通运输领域。在燃油车方面，英国于2017年提出2040年起禁售燃

油车，2020 年将燃油车禁售时间提前至 2035 年，同年 11 月又把禁售时间提前至 2030 年，提出 2035 年禁售混合动力汽车，并制定电动汽车具体政策，包括税收优惠、建设充电式停车场、提供免检和免费停车服务等。

③ 市场化激励政策。2010 年，英国在制定财政预算时，提出建立一家政府出资、市场运营的绿色投资银行，用于支持那些符合英国政府的环境保护和可持续发展目标的项目。银行优先支持海上风电、垃圾和生物质发电、能效提升等项目。英国还采用"碳市场＋气候变化税"政策支撑，致力于通过"碳市场"引导大中型企业、"碳税"引导小型企业的混合激励政策减少温室气体排放。碳市场方面，2019 年宣布碳中和目标后，英国碳市场扩大碳定价范围，对森林碳汇等负碳技术项目加大支持力度。气候变化税方面，包括涉及电力、煤炭、液化石油气和天然气的工商业和农业等部门，税基是能源消耗量，气候变化税收用于清洁能源技术开发，为可再生能源提供资金渠道。英国还存在税收减免环节，企业与政府签订减排协议，达到协议规定的能源效率提高目标，企业可获得最高 80% 的税收减免。除气候变化税外，英国还启动"地板碳价"，地板碳价＝碳市场配额价＋碳支撑价。当碳市场配额价格低于地板碳价时，电力公司需要补缴碳支撑价，从而充分发挥碳市场与碳税的协同和互补优势。

(3) 瑞典——创新引导型国家

瑞典作为创新型国家，在减排与可持续发展方面一直走在世界前列。瑞典目标是在 2045 年实现碳中和，也是世界上首批碳中和的国家之一。为实现这一雄心目标，2022 年，瑞典宣布将把消费排放纳入国家减排责任。1990 年至 2019 年期间，瑞典的 GDP 增长了 87%，同时二氧化碳当量减少了 29%。

瑞典是回收率最高的国家之一。回收工厂将垃圾分成可回收和不可回收两部分。不可回收的废物在工厂里燃烧，将其燃烧转化为能源，为全国 25 万户家庭提供电力，瑞典在垃圾变资源道路上取得了长足的发展。2017 年 6 月，瑞典议会通过《气候政策框架》（包括国家气候目标）、《气候法案》和气候政策委员会三大支柱，提出了 2045 年实现温室气体零净排放的长期减排目标和 2020 年碳排放降低 40%，2030 年降低 63%，2040 年降低 75% 的阶段性目标。2020 年，瑞典相继发布了《循环经济国家战略》《绿色复苏国家计划》《生命科学国家战略》和《瑞典减少温室气体排放长期战略》等国家战略计划，标志着瑞典的气候政策框架和实现碳中和目标的总体战略框架及政策路径基本形成。瑞典减少温室气体排放的措施主要包括三大类：一是森林和土地中二氧化碳净清除量的增加；二是经验证的其他国家投资的减排量；三是负排放技术，例如生物质能二氧化碳的捕集和封存（BECCS）。

为实现 2045 年减排目标，瑞典政府加大科研投入。2021 年瑞典政府研究与试验发展（R&D）经费达 427 亿克朗，比 2020 年增长 11%，占瑞典政府预算总额的 3.66%。在气候与环境领域，瑞典 2021 年启动四个新的国家研究计划，作为消减碳排放的重要举措。战略创新计划以推动科技创新产业化、创新伙伴关系计划以消减工业排放量、"气候飞跃"和"绿色工业飞跃"计划为减排项目提供财政支持、无化石瑞典行动计划用以降低化石能源利用比例。

另外，瑞典在交通领域规定了减排义务、提供可再生燃料的义务、对新车二氧化碳排放的强制要求等。政府部门也从税收、补贴、评估与信息服务等方面采取政策措施，形成了较为完整的政策体系。如实施征收能源税和碳排放税并加入了碳排放交易系统；加大对低碳技术的财政补贴，设计专项项目拨款，实施环保补贴和奖励等。

（4）日本——资源节能低碳

因先天资源匮乏，日本以重化工业为主体的产业结构带来的环境问题开始凸显。在国家能源高压线下和挥之不去的能源恐慌中，日本逐渐走上低碳经济转型的自救路径。日本把"开发新能源""提高资源效率"放在国家战略高度，极早确立了低碳经济的主体地位。

日本从产业、经济、技术及法规政策等宏观层面规划减碳目标并实施减碳措施，从建筑全寿命周期角度针对不同阶段发展节能低碳技术，制定节能低碳方案与实施细则，推出市场激励政策及财政补贴方案。日本近年发布的减碳政策见表 1-2。

表 1-2　日本近年发布的减碳政策

时间	政策
2016 年	《能源革新战略》《能源环境技术创新战略》《全球变暖对策计划》
2017 年	《氢能基本战略》
2018 年	《能源基本计划》（第五个）
2019 年	《2019 综合技术创新战略》《氢能与燃料电池技术开发战略》《碳循环利用技术路线图》《2019 节能技术战略》
2020 年	《2050 年碳中和绿色增长战略》

1979 年，日本开始实施《节约能源法》。80 年代，日本从生产和消费两大源头控制污染，1989 年推出"地球环境技术开发计划"，虽然没有明确提出低碳经济概念，但诸多工作已经开展。1993 年，日本整合此前多项计划，形成

"新阳光计划"。1997年，日本签订了《京都协定书》。2004年，日本成为亚洲第一个宣布建设低碳社会的国家。2017年12月，日本公布了"基本氢能战略"，意在创造"氢能社会"，该战略的主要目的是实现氢能与其他燃料的成本平价，建设加氢站，替代燃油汽车、天然气及煤炭发电等，发展家庭热电联供燃料电池系统。2020年10月，日本首次提出低碳发展目标，即在2050年实现"碳中和"，并将"经济与环境的良性循环"作为经济增长战略的支柱，最大限度地推进绿色社会发展。同年12月，日本政府发布《2050年碳中和绿色增长战略》，将在海上风力发电、电动车、氢能源、航运业、航空业、住宅建筑等14个重点领域推进温室气体减排，为日本实现"碳中和"提出了相应的产业指导方向。2021年5月，日本国会参议院正式通过修订后的《全球变暖对策推进法》，以立法的形式明确了日本政府提出的到2050年实现碳中和的目标，于2022年4月施行。这是日本首次将温室气体减排目标写进法律，根据这部新法，日本的都道府县等地方政府将有义务设定利用可再生能源的具体目标。地方政府将为扩大利用太阳能等可再生能源制定相关鼓励制度。

日本着重关注在能源领域的碳减排，推动能源结构转型。一方面，大幅提升电力部门中零排放电源占比。另一方面，加速推动非电力产业部门的电动化转型并推进节能工程转型。同时强化对清洁能源的开发，将氨定位为实现低碳社会的重要过渡期燃料，将氢能定位为实现碳中和的关键技术，继续加大对氢能研发的支持力度。在交通运输领域，积极推进汽车产业电动化。日本政府已宣布乘用车自2035年起，卡车等商用车自2040年起禁止销售燃油车。

日本政府设立2万亿日元"绿色创新基金"，为日本能源转型，构建绿色金融体系助力。公开招募企业，支援企业研发脱碳技术。该基金共设立降低海上风电成本、新型太阳能蓄电池研发、构筑大规模液化氢供应链、"绿氢"制造等18个项目。

1.2 国内外研究现状

1.2.1 低碳经济理论研究现状

全球气候变暖使人类生存和发展面临严峻的挑战。低碳经济是在全球致力于气候治理的大背景下出现的必然选择，自低碳经济等一系列概念诞生，如何实现经济、生态与环境的可持续发展，如何提高能源效率和降低碳排放量，这些课题受到了各国的高度重视。目前，它与人类的发展息息相关，学术界也对此基于不同视角进行了研究解读。

自2003年英国在白皮书中提出低碳经济后，各国学者都对其概念进行了不同角度的剖析与诠释。截至目前，低碳经济已经在全球有着广泛的、较为统一的认知，但仍没有确切的定义和可比较的指标体系。在结合各文献研究的基础上，低碳经济的基本概念可以理解为，在经济发展的过程中以可持续发展作为理论基础，并通过对技术上的创新以及制度上的改革等方法，有效降低石油等高碳能源对环境的污染，减轻温室气体排放，从而最终实现经济、社会、环境三者协调发展的局面。

低碳经济理念是我国在环境污染问题研究领域中提出的新的有效的保护措施，是我国新世纪背景下最重要的发展理念，它不仅能够降低污染程度，同时还能有效调整经济水平和经济结构，从而促进经济与环境的可持续发展。

(1) 低碳经济概念的发展

低碳经济这一概念首次出现在2003年英国政府的白皮书中，起初目的是减少英国温室气体排放量，使英国成为一个低碳国家。白皮书中指出，低碳经济是通过更少的自然资源消耗和更少的环境污染，获得更多经济产出；低碳经济是创造更高生活标准和更好生活质量的途径，为发展、应用和输出先进技术创造了机会，同时也能创造新的商机和更多的就业机会。

随着全球社会、经济的迅速发展，人口的持续增长，资源消耗、环境保护、经济发展之间的矛盾形势日益严峻。特别是环境污染、气候变暖与经济增长之间的矛盾的凸现，已经严重地影响到经济、社会和环境的可持续发展。到如今，低碳经济已逐渐变成了全社会共同追求的一种经济发展模式，即以低能耗、低污染、低排放为基础的，核心是能源的高效利用和减排技术的创新，以达到经济发展和生态环境双赢的一种经济发展形态。这种经济发展形态本质是从高碳能源时代向低碳能源时代的演化，是当前环境下的必经之路。在强调低碳的同时，保证经济不降低。所谓低碳是指通过一系列如技术创新、制度创新、提高能源利用效率、开发新能源等手段，减少高碳能源的消耗，降低温室气体的排放量；保证经济不降低，是指人们的消费水平、居民收入、GDP等指标不能随之降低，既要实现低碳的同时，还要不降低民众的福利水平，达到双赢的目标。

梅森纳认为，人类发展低碳经济面临的挑战，不是技术上的也不是经济上的，实际是政治和体制上的挑战。庄贵阳指出，低碳经济概念率先由英国提出，是指依靠技术创新和政策措施，实施一场能源革命，建立一种较少排放温室气体的经济发展模式；低碳经济的实质是能源效率和清洁能源结构问题，核心是能源技术创新和制度创新，目标是减缓气候变化和促进人类的可持续发展。付允等论证低碳经济是以低能耗、低污染、低排放和高效能、高效率、高效益（三低三高）为基础，以低碳发展为发展方向，以节能减排为发展方式，以碳中和技术为发展方法的绿色经济发展模式。

金涌等认为低碳经济就是要努力减少化石燃烧和碳酸盐（岩石）分解导致的大气碳库藏量的增加，同时通过气体交换及光合作用增加海洋碳库和陆地碳库的藏量，通过人工CO_2矿化过程（地质存储）及CO_2再利用过程减少大气碳库的藏量，鼓励使用海洋生态系统及陆地生态系统中的可再生碳替代化石资源消耗。低碳经济是人类社会可持续发展的出路所在，其内涵不仅包括生产、生活各方面以技术创新带动的节能减排，还包括CO_2的浓集再利用。低碳经济的发展依赖于产业结构、能源结构及消费结构的调整，需要政策法规的支持与扶植，更需要科技创新的支撑。

冯之浚等认为，低碳经济以低能耗、低排放、低污染为基本特征，以应对碳基能源对于气候变暖影响为基本要求，以实现经济社会的可持续发展为基本目的；低碳经济的实质在于提升能效技术、节能技术、可再生能源技术和温室气体减排技术，促进产品的低碳开发和维持全球的生态平衡。金乐琴等认为，低碳经济是发达国家为应对全球气候变化而提出的新的经济发展模式，与可持续发展理念和资源节约型、环境友好型社会的要求是一致的，强调以较少的温室气体排放获得较大的经济产出。

邹浩提出，中国发展低碳经济是实现可持续发展和生态文明建设的关键路径，中国作为石化能源消费大国，面临着严重的环境污染和碳排放问题。发展低碳经济可以有效减少这些问题带来的负面影响，促进经济转型升级，增强国际竞争力的同时也有助于国家能源安全，为生态环境保护作出积极贡献。周琦认为，低碳经济是一种新型的经济建设模式，旨在减少碳排放和资源消耗，实现经济增长与生态环境保护的双赢。该理论强调生态化、资源高效利用等特征，并提出加强法律保护、政策支持、国际合作等实践路径。张情强调了低碳经济建设的重要性，认为低碳经济在我国经济社会发展中起着关键作用。

低碳经济模式被认为是一种全面的、战略性的、全球性的发展模式，它与各级经济技术发展密切相关，能够影响资源利用效率、生态环境保护和应对气候变化。

(2) 低碳经济主要的制度安排

实现低碳经济目标，本书主要从碳税、碳交易两个维度进行制度与政策分析。

① 碳税。碳税是指针对二氧化碳排放所征收的税，它通过对燃煤和石油下游的汽油、航空燃油、天然气等化石燃料产品，按其碳含量的比例征税，以实现减少化石燃料消耗和二氧化碳排放的目的。碳税实际上是一种矫正税，有的国家称为能源税，其本质都是为了使边际私人成本等于边际社会成本，边际私人收益等于边际社会收益，从而达到治理污染的目的。20 世纪 90 年代初，芬兰、瑞典、丹麦、荷兰四个北欧国家先后开征碳税，1999 年意大利开始征收，2007 年 10 月 1 日、2008 年 7 月 1 日加拿大魁北克省和不列颠哥伦比亚省先后开征碳税，又为碳税的理论和实践注入了新的活力。

日本学者 Toshihiko Nakata 等的研究发现，能源税和碳税的使用能够使碳排放下降到预计目标水平，同时也使能源种类的使用发生了变化，即由煤到天然气。Annegrete Bruvoll 对碳税征收先行国挪威的研究发现，1990~1999 年挪威平均每单位 GDP 的碳排放降低了 12%，但碳税对碳减排的贡献只有 2.3%，碳税的效果并不理想。原因在于挪威对不同的产业实行差别税率，且不同类型燃料的碳含量与税额的比率也不相同。

Cheng F Lee 等在灰色理论（grew theory）和投入-产出理论（input-output theory）的基础上，运用模糊目标规划（fuzzy goal programming）方法构建模型，模拟了三种碳税方案下碳减排的力度和经济影响。预测碳税实施的影响有助于各国碳税方案的选择，也能更好地发挥碳税的效果。Andrew 等指出，碳税作为一种治理污染的政策手段源于社会和经济活动对碳减排的需求，而且无需激进的经济社会和政治变革；征收碳税将增加社会总产出及国内产品供给量，降低出口量。

中国学者 Lu 等通过模拟情景研究表明，如果每吨二氧化碳征收 300 元的税，碳排放量将下降 17.45%，而 GDP 仅下降 1.1%。因此，碳税是一种对经济影响较小的有效减少碳排放的政策工具，而且在征收碳税时，如果能减少对企业征收的其他税，那么将会降低因为开征碳税而对企业的产量和竞争力产生不利的影响。张明喜通过 CGE 模拟研究也表明，征收碳税对碳减排具有一定的积极作用——当税率从 20 元/吨提高到 100 元/吨时，CO_2 减排量在分别征收消费性和生产性碳税时将从228万吨和426万吨碳等价物增加到1141万吨和2132万吨，而且征收碳税对我国的经济发展影响不大，短期减少GDP约0.51%，长期仅约0.08%。

对于在中国开征碳税的可行性，也有学者发表不同看法，比如杨颖建议在污染严重的城市试点碳税，重点是东部地区、建筑业和制造业。此外，通过媒体宣传政策，提高公众对碳税的认识和支持；完善税收征管、数据监控和奖惩机制；最后，要坚持适度公平的原则，考虑对低收入者的影响，制定相应的补偿机制。黄杰夫认为碳税和碳交易作为给CO_2定价的两种政策工具，孰优孰劣，短期内难下定论，将来有可能共同推出，但是在开征碳税前，首先需要考虑三个问题，即环境效应的确定性、税率的确定、碳税能否应对碳关税等。目前国内还缺乏在碳税对不同收入群体的影响方面的研究，但是如果开征碳税，那么不同收入、不同地区的人群所受到的影响肯定不同，这是未来重要研究方向之一。

赵文超、郝海霞对碳税政策进行了全面分析，重点分析了国内因素与国际压力，认为中国在能源结构、产业基础、国际贸易等方面面临诸多挑战，碳税的出台将对促进产业转型、推动技术创新、改善环境质量起到积极作用。他们同时强调，中国需要加强国际合作，应对欧盟等国家实施的碳关税政策带来的挑战。

② 碳交易。碳交易是为促进全球温室气体减排，减少全球二氧化碳排放所采用的市场机制。由于碳排放空间资源的稀缺性，降低相关交易费用可以提高碳排放权效率，因此从碳排放权的功能与效率的关系分析，可以得出碳排放权明晰的基本路径——排放权的私有化，即进行碳交易。其兴起源于《京都议定书》所制定的三种减排机制：国际排放贸易机制、联合履行机制和清洁发展机制。根据以上三种机制，碳交易可以分为两种形态：基于配额的交易和基于项目的交易。

魏东、岳杰对碳交易市场中碳排放权的效率问题进行解析后认为，碳交易市场如果要有效运行，必须要提高排放权效率，一方面要降低相关交易费用，一方面要通过明晰碳排放权，即排放权的私有化。李月清分析了碳交易政策体系的重要性及其面临的挑战。他认为碳交易是减排的关键工具，但需要考虑政策有效性、公平性和市场稳定性。借鉴国际经验，他主张我国应完善碳交易体系，促进技术创新和产业升级，实现经济建设和生态环境保护的双赢。同时，政府要加强监管，防止碳市场出现波动和滥用。孟茜茜指出，随着气候研究的进展，人们认识到温室气体排放可以在碳交易市场进行交易，以优化资源，因此应鼓励低成本企业减排，出售剩余配额，以降低整体减排成本，促进公共资源的利用。

③"双碳"目标下低碳经济评价指标的研究。除了对于概念性的内容进行研究外，国内的学者还对低碳经济的评价指标体系，以及发展低碳经济的驱动因素进行了分析。

庄贵阳等从低碳产出指标、低碳消费指标、低碳资源指标和低碳政策指标四个层面构建低碳经济发展水平综合评价指标体系，每个指标层面都有几个二级指标，赋予其相应的阈值或进行定性描述。

吴雪、陈锦和李爽根据构成低碳经济的4个主要要素低碳能源、低碳产业、低碳技术和低碳社会提出一个评价体系。其中涵盖了7个主要指标，包括低碳能源、低碳产业、低碳科技、低碳建筑、低碳交通、低碳消费模式以及低碳社会环境，另有33个细化指标。并给每个指标赋予不同的权重，从而进行综合评价。

冯碧梅以湖北省为例，构建了以总体层、系统层、状态层、变量层和要素层为基本框架的指标体系。其中，系统层分为自然生态系统、产业生态系统和人文生态系统，每个系统层指标下有三个状态层指标，分别为碳排放、碳控制和碳汇建设或低碳产业。

刘传江等依据生态足迹理论，从人口规模、物质生活水平、技术条件和生态生产力来论证低碳经济发展的合理性；运用脱钩发展理论来分析经济发展与资源消耗之间的关系，并论证低碳经济发展的可能性；依据"过山车"理论（EKC假说），通过对人均收入与环境污染指标之间的演变模拟，说明经济发展对环境污染程度的影响，来论证低碳经济的发展态势。

仲云云设计的低碳经济评价指标体系包括总体、标准和指标三个层次，分别考虑发展能力、低碳产出、低碳消费、低碳资源和低碳环境。指标选取时，遵循了科学性与实用性、系统性、定性与定量相结合的原则，运用TOPSIS法和聚类分析法进行评价，确保全面、客观、准确地评价我国各地区的低碳经济水平。

徐瑛对低碳经济的研究结果显示，评价指标应综合考虑经济、环境和社会三个方面，以保证低碳经济建设的全面性和可持续性。经济指标包括碳排放强度、低碳技术应用程度和低碳产业发展水平；环境指标侧重于碳排放量、能源消费效率和生态环境质量；社会指标包括创造就业、公平和社会福利。

④"双碳"目标下低碳经济发展对策、发展路径的研究。付允等提出了我国实施低碳经济发展模式的政策措施：节能优先、提高能源利用效率；化石能源低碳化，大力发展可再生能源；设立碳基金、激励低碳技术的研究和开发；确立国家碳交易机制。

解振华强调不同国家发展阶段不同，低碳经济的实现路径也不同。基于我国目前发展阶段和特殊国情，他认为我国将从 6 个方面来推动低碳经济的发展：

a. 加强政策引导和宏观协调；

b. 贯彻落实各项政策措施；

c. 部署发展低碳经济试点工作；

d. 提高发展低碳经济相关能力建设；

e. 加强宣传教育，提高全民意识；

f. 组织开展对外交流与合作。

潘家华认为我国要发展低碳经济，靠调整产业结构、能源结构会受当前发展阶段、资源禀赋及资金、技术的约束，空间十分有限。因此低碳经济发展重点应该在于以下 3 个方面：

a. 提高能源效率；

b. 开发利用可再生能源；

c. 引导消费者行为。

除了以上 3 个方面，碳捕获与埋存技术作为一种技术选择可以继续研发，使这种技术将来具有商业可行性，这是战略投资。此外，还可以利用国际贸易来发展低碳经济。

Md. Kamal Uddin 等运用符号回归法探讨经济合作与发展组织（OECD）成员国碳排放强度的影响因素，并提出相应的政策建议。研究结果表明，各国的影响因素和重要性各不相同，因此各国政府应根据自身情况选择合适的策略，并与其他国家合作。此外，人口控制、绿色产业发展以及对外商直接投资的管理也是降低碳排放强度的关键。然而，需要进一步研究不同国家间因素对碳排放强度的积极或消极影响，以制定更具体的政策。

刘仁厚以化石能源为主体，以能源、工业为主线，从能源供给端、过程排放端、末端三个方面构建了"双碳"目标下绿色低碳技术体系并提出了相应的创新路径。

Bruno Coric 考察了经济灾害对低碳经济可持续发展的影响，提出了两者之间的三个关键问题，结论强调了经济灾害与可持续发展之间关系的重要性，并彰显了在经济严重衰退期间改善人类发展指数的挑战。这项研究还突出了人均GDP以及自然资源消耗对低碳经济发展的重要性，以及为长期可持续性有效管理自然资源的必要性。

1.2.2　清洁能源理论研究现状

清洁能源，即绿色能源。由于清洁能源其减少排放污染的优势和可再生的特性，是目前全球公认的最理想的能源。现阶段，全球正在发生新一轮的能源革命，这是全球能源行业发展中的第四次能源革命。新能源与信息技术深度结合，清洁能源逐步代替传统化石能源，向"以清洁能源为主，化石能源为辅"转变。掌握并利用好清洁能源技术是实现我国从能源大国向能源强国转变和培育经济发展新动能的重要基础，能源绿色低碳发展是确保如期实现碳达峰碳中和的关键。

（1）发展清洁能源的必要性

清洁能源依据其优势成为国家实现经济可持续增长的首要理想能源。学者通过研究发现，发展清洁能源有利于减少二氧化碳排放。曹静提出政府可以通过实行一定程度的税收减免或财政补贴来减少清洁能源技术研发和生产企业的经济负担，从而达到促进清洁能源快速发展和减少化石能源消费产生二氧化碳排放的目的。鲁万波等运用对数平均迪氏指数法（LMDI）对1994~2008年中国二氧化碳排放增长进行分解，结果显示增加清洁能源消费可以优化能源结构，进而有利于控制二氧化碳排放。

清洁能源还有利于促进经济的增长。张晓娣和刘学悦利用构建出的动态OLG-CGE模型研究发现：在短期内，发展清洁能源将抬高能源价格，从而抑制投资、消费和经济增长；长期来看，清洁能源发展推动节能减排技术进步和资本投入，从而带动经济增长。Inglesi-Lotz使用面板数据模型研究发现清洁能源发展有利于促进经济可持续增长。Kahia等使用Granger检验和面板误差修正模型模拟结果显示经济增长与清洁能源之间还可能存在双向的长短期因果关系。林美顺通过探究清洁能源消费对污染排放和经济增长的影响，发现清洁能源消费比重的增加对二氧化碳和二氧化硫排放量的减少有促进作用。赵海滨认为，清洁能源的开发利用有利于促进能源、环境、经济的协调发展，对我国清洁能源政策进行分析并提出相应的优化建议。

（2）清洁能源的技术进展

在这个不断追求可持续发展的时代，随着世界对可再生能源的迫切需求日益增加，清洁能源技术的不断发展成为应对气候变化的重要途径。王亚男等研究了清洁能源对气候的影响，得出结论：清洁能源使用量的增加有望遏制二氧化碳排放量和气温上升的趋势。未来，推动能源转型、改进生产技术、提高化石能源利用效率将是关键。使用清洁能源是实现碳中和的方法之一，有望减缓全球变暖的不利影响。

利用清洁能源技术的研究、应用来克服能源安全挑战，日益成为学术界乃至工业界关注的焦点。张颖贞、黄剑莹等论证了氨氧化反应（AOR）在清洁能源和含氨废水处理中的重要性，AOR在直接氨燃料电池等领域的潜力被验证，并讨论了反应机制和原位表征技术的关键作用。张友国、蒋鸿宇认为清洁能源对能源安全有至高的重要性，并提出了德国、美国两种不同的能源转型模式：德国采用新能源开发和节能双主导模式，通过制度建设促进能源转型与能源安全的协调发展；美国采用政府主导、全社会参与的方式，通过联邦政府的主导和创新研发加快清洁能源技术的发展，并强调各级政府和社会各界的协调配合。

（3）清洁能源的政策与市场

积极的政策在促进清洁能源发展中起着至关重要的作用，各国政府制定并实施了一系列政策措施来推动清洁能源技术的研发、应用与推广，促进能源结构转型升级。王多云从完善法律法规、制定能源发展规划、建立技术创新机制、加大宏观政策支持、培育市场化机制等方面探讨了清洁能源领域政府支持体系的构建。这些政策措施旨在推动清洁能源产业发展，促进低碳经济和可持续发展。赵海滨认为我国清洁能源政策存在结构不合理、与产业流程结合不够、政策体系不完善等问题，在资源管理、协调发展、规范制定等方面有待加强。王瑞红将我国的清洁能源政策与美国、德国、日本的政策进行比较后发现，我国虽然发展迅速，但仍需进一步的支持。通过企业数据分析发现，政府的财税政策尤其是在风能行业对企业发电有促进作用。

清洁能源市场在全球范围内蓬勃发展，各种清洁能源技术逐步走向市场化。在政策支持、技术进步和市场需求的推动下，清洁能源市场日趋繁荣。刘瑞丰的研究涵盖了我国西北地区清洁能源市场的发展现状，强调要推动能源生产和消费革命，构建清洁、低碳、安全、高效的能源体系。具体而言，通过提高清洁能源运营水平、扩大市场化清洁能源交割规模、完善省际交易机制、创新市场交易方式等措施，实现清洁能源消纳的目标，还提到了在跨区域直流输电、发电权交易、清洁能源消费等方面的具体措施。邢金林表示全球清洁能源市场规模巨大，预计到2030年将超过2.5万亿美元。中国是全球最大的新能源市场，投资力度大，市场发展前景广阔。

(4)"双碳"目标下清洁能源发展的趋势

推动清洁能源的大力发展，实现能源转型的替代，是"双碳"目标下清洁能源发展的主要趋势。近年来，清洁能源与绿色发展关系的研究受到学者关注。聂锐等认为，我国应在继续"去产能"政策的基础上，从减量化和清洁化双向促进我国煤炭产业的转型升级。邓慧慧等提出要推进绿色发展，建立清洁低碳安全高效的能源体系，通过一系列方法识别出农村能源系统绿色转型的影响机制，并提出科学有效的政策措施，推动农村能源系统转型。韩建国认为，我国在推进以清洁能源为重点的能源结构调整过程中，关键是要正确认识和对待煤炭的利用问题，骤然"停煤"会使能源结构失衡。

1.3 研究目的与意义

从全球来看，我国目前是碳排放量第一大国。我国宣布力争2030年前实现碳达峰，2060年前实现碳中和。到2030年中国单位GDP碳排放比2005年下降65%以上，2022年中国单位GDP排放比2005年下降50.8%已作为约束性指标纳入国民经济和社会发展中长期规划。但由于我国传统处于高耗能、高消费、高产出的产业发展模式，在能源结构中煤炭占比仍然很高，在产业结构中重工业占比较大。2023年中国二氧化碳排放量与2022年持平为114.8亿吨，其中，发电端占比约47%，工业过程、居民生活等消费端合计占53%，其中工业过程占消费端碳排放量的绝大部分。目前，我国在资源、生产、能源供给、交通运输、建筑安装、居民生活等领域，碳排放还属于不断增长阶段，这一系列问题制约着我国低碳经济发展目标的实现。未来40年内，中国将开启一场经济社会全方位绿色低碳转型，而碳中和对世界各国而言都是一条全新的发展道路，并没有成功经验可以借鉴，中国必须自主探索相关路径，主动应对挑战并克服困难，不断抓住碳中和目标所带来的各种发展机遇。

本书立足于全球低碳化转型背景，以国家"3060双碳目标"发展为契机，深入结合我国能源供给、消纳等现状特点，构建符合生态学原理的低碳经济生态体系并进行研究与分析，基于这些数据切实地提出适合我国国情的"双碳"目标下清洁能源发展战略及实施路径，找寻促进我国尽快实现"双碳"目标的路径及突破口，对我国快速实现"双碳"的战略目标、为全球碳中和作出贡献具有一定的理论及实践意义。

1.4 研究主要思路、主要内容和方法

（1）研究主要思路

本书的研究主要分为理论研究、模型构建和实证研究三个阶段。理论研究主要运用系统分析的思想，针对省域低碳经济发展的子系统和外界环境进行分析，运用协同论观点进行整合，梳理我国省域能源消费现状、产业结构现状、能源消纳与供给现状；模型构建主要研究"双碳"目标下省域低碳经济生态体系模型构建，由低碳经济发展体系、能源供给与消耗体系、碳排放体系、碳汇能力体系、碳减排体系共五个维度构建而成；实证研究主要分析模型的可靠性和准确性，结合我国不同区域省域能源发展特色，提出实施省域发展清洁能源策略，识别低碳经济发展的关键路径，进一步提出政策保障措施。具体技术路线如图1-1所示。

（2）研究内容

本书共包括九部分内容，研究的主要内容如下。

第一部分　绪论

在全球统一致力于碳达峰碳中和的时代背景下，各国低碳经济的大力发展迎来了"双碳"目标的新趋势，也掀起了一场绿色低碳的经济博弈。对低碳经济、清洁能源等概念的国内外研究成果进行整合归纳，简述本书的主要内容、写作的目的及意义。

第二部分　"双碳"目标下低碳经济理论研究综述

运用CNKI、EBSCO以及ProQuest、Elsevier和Springer Link中外文数据库，对低碳经济发展、生态体系、清洁能源、碳排放的相关理论进行述评梳

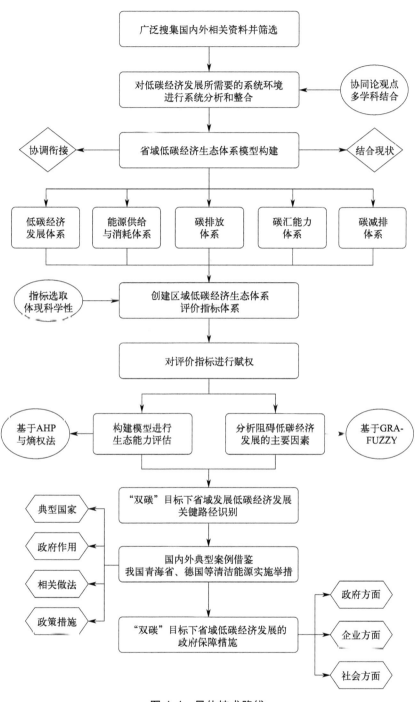

图 1-1 具体技术路线

理。对这些研究的理论框架、方法论基础及其应用场景进行深入分析，提炼出当前研究的核心观点与主要争议点。

第三部分　我国省域能源水平供给消费与能源产业构成现状

作为资源消耗大国，我国传统工业仍占主要比重。本书对我国各省域能源消费现状、能源消费结构、清洁能源产业构成、能源供给结构、能源技术、能源机制等进行全方面分析，梳理我国省域能源水平供给消费与能源产业构成现状。

第四部分　"双碳"目标下省域低碳经济生态体系模型构建

生态体系的建设包括生态环境中各个子系统的建立，子系统之间的关系以及子系统与变化环境中的协同互动，具有开放性、复杂性、整体性、交互性、动态性、稳定性、层次性等特性。本书在"双碳"目标下构建省域低碳经济生态体系，借助生态学思想，结合低碳经济发展现状，从能源需求、供给、社会、经济、碳汇等维度进行综合设计，构建了涵盖低碳经济发展子系统、能源供给与消耗子系统、碳排放子系统、碳汇能力子系统、碳减排子系统的省域低碳经济生态体系模型。

第五部分　"双碳"目标下省域低碳经济生态体系评价的实证设计

低碳经济发展要始终实现经济、社会与资源环境和谐和持续发展的目标。本书分析评价"双碳"目标下我国低碳经济发展现状，从能源提供结构、产业消耗结构、交通运输、居民生活等角度来进行测度与评价，有助于了解我国省域低碳经济发展实施现状，有针对性地提出相应的长久低碳发展的思路与启示。

对低碳评价指标体系测度应针对低碳经济发展、能源供给与消耗、碳排放、碳汇能力和碳减排五个子系统选取相应的影响因素。本书对目前有关低碳经济的报告、论文进行频度统计，选择那些使用频度较高的指标；结合低碳经济内涵、特征进行分析综合，选择那些重要的发展特征指标；在初步提出评价指标的基础上，征求有关专家意见，对指标进行调整，运用 GRA&AHP 模型相结合的方法，得出综合评价指标体系，针对我国不同省域指标进行测度，对省域低碳经济发展进行综合测度。

第六部分　"双碳"目标下省域发展低碳经济关键路径设计

基于省域低碳经济生态体系评价指标体系的因素分析，本书识别并设计"双碳"目标下发展低碳经济关键路径，推动低碳经济、生态建设、环境保护和资源节约利用，重塑中国未来经济格局、真正实现经济可持续性发展，开创

"双碳"目标下发展战略新格局。具体如下。

路径1：基于能源消耗与供给的清洁能源供应体系设计。

路径2：基于减少工业碳排放的碳捕获碳储存路径设计。

路径3：基于减少交通运输业碳排放布局新能源交通工具路径设计。

路径4：基于碳减排碳吸纳的碳汇路径设计。

路径5：基于节能提效的低碳社会系统路径设计。

路径6：基于回收利用的绿色低碳循环经济路径设计。

第七部分　我国省域发展低碳经济、实施清洁能源战略政策保障措施

本书进一步从发展政策、法律法规、补贴税收、绿证交易等方面提出切合我国发展实际的低碳经济保障措施。鼓励科技创新，大力推广碳捕集、利用与封存技术（CCUS），完善法制保障体系，优化产业结构，降低化石能源占比。

第八部分　国内外发展低碳经济典型案例分析

对国内外发展低碳经济的典型案例进行借鉴分析。本书选取国内青海省为典型案例，青海省得益于其丰富的清洁能源禀赋，发展清洁能源成为其低碳发展的一大优势。针对青海省低碳经济发展的政策措施进行典型案例分析，借鉴其政策及法规的有效性，为我国资源禀赋大省进行低碳经济的发展与新能源技术的推广提供决策依据及建议。同时借鉴以德国、欧盟、英国等为研究对象进行国外典型案例分析，探索国外发展低碳、清洁能源战略的思路路径，为实现我国省域"双碳"经济目标提供启示。

第九部分　总结与展望

对本书研究进行全面总结，并对后续系列研究提出方向指引。

(3) 研究方法

① 文献分析法。通过查阅国内外期刊以及论文等资料，对低碳经济、清洁能源、碳排放的相关理论进行概述，并对低碳经济、清洁能源的相关概念和理论进行梳理。在此基础上，结合相关研究理论探讨如何构建低碳经济生态体系，如何实现清洁能源战略来达成"双碳"目标，规划实施路径，进而提升效率水平，以达到健康发展的目标。涉及的参考文献主要来自中国学术期刊全文数据库CNKI、EBSCO以及Web of Science、ProQuest、Elsevier和SpringerLink外文数据库。

② 统计分析法。基于协同论观点，采用层次分析法（AHP）与熵权法、GRA与FUZZY等数学统计方法，创建区域低碳经济生态体系评价指标体系，

构建模型进行生态能力评估，识别阻碍低碳经济发展的主要因素。为了保证评价指标选取的可靠性，采用层次分析法与灰色关联相结合的方法，从定性与定量双重的角度来测评我国省域低碳经济现状，从中选取关键制约影响因素，确保实证结果的准确性和有效性。

③ 实证调研法。省域低碳经济生态体系构建及关键路径识别，需要从省域能源提供结构、产业消耗结构、交通运输、居民生活等多维度来进行测度与评价，为准确了解全国各省域低碳经济发展实施现状，有针对性地提出相应的长久低碳发展的思路与启示，需要针对省内大量行业企业，如电力、热力等能源提供企业，交通运输业，建筑设计业，清洁能源回收企业，居民生活业等进行大量的实际调研，才能确保结论依据的准确性。

④ 案例分析法。运用案例分析是为了加深对定性分析的进一步认识。本书借鉴其他优势省域、地区围绕低碳经济发展的先进策略进行实际案例分析，有助于解决我国省域清洁能源发展相关难题，并对相关问题的定性分析进行补充说明，加深对相关分析的认识。

1.5 本书研究创新点

(1) 研究主题的前沿性

在全球致力于实现碳达峰碳中和的大背景下，全球掀起了一场新的能源革命。我国针对当下国情，提出了国家"3060双碳目标"，明确了实现"双碳"目标的基本思路，出台了一系列政策，描绘了面向21世纪中叶的新蓝图。《"双碳"目标下低碳经济生态体系构建》立足于我国提出的"双碳"战略背景，在充分研究相关理论和当前我国低碳经济发展现状后，明确我国坚定节能减排、转变经济发展方式的发展理念。

(2) 研究对象的广泛性

从生态学角度，基于我国发展现状全方位构建适宜我国的低碳经济生态体系，对省域低碳经济发展现状进行客观评价。设计低碳经济生态体系评价指标体系，在此基础上运用GRA&AHP模型相结合的方法进行我国省域综合测度与评价。根据测评结果有的放矢地提供对策与建议，有助于我国实施低碳减排战略，早日实现国家碳中和和碳达峰的目标。同时借鉴国内外低碳发展的先进典型案例,确保了研究对象的广泛性。

(3) **研究结果的实践性**

从研究应用角度来看,本书在实证分析基础上,从六个维度识别出发展低碳经济关键路径,对于指导落实我国区域低碳经济的具体实践具有一定的指导作用。

总之,全球共享一片蓝天、气候治理是全球性的问题,必须由全球所有国家尤其是碳排放大国共同推动解决。为完成全球"双碳"目标,国家所采用的绿色生产方式会使各行各业的生产技术水平大幅度提高,从长远来看带来的益处是不可估量的。

"双碳"目标下,我国已经开始真正从社会观念上进行革新,碳达峰和碳中和目标正逐步牵引我国国民产业经济的全面升级。将高污染、高能耗产业和企业全面向提高生产效率、降低资源消耗、停止环境污染为导向进行转型升级,促进中国高质生产力发展,构建新质生产力、新产业、新模式、新动能,进一步推动中国未来高质量发展的美好前景,加速推动布局,彰显大国领先实力。

第 2 章

"双碳"目标下低碳经济理论研究综述

本章首先对低碳经济的概念、低碳经济模式的特征清洁能源进行梳理，指出了在全球气候变化和环境问题日益严峻的背景下，减少碳排放和发展新经济发展模式的重要性；进一步分析了实施低碳经济发展的障碍，如能源产业结构不合理、法律制度不完善、低碳技术有待提高等；其次梳理了清洁能源相关理论，从清洁能源概念、清洁能源实施战略、清洁能源发展路径，探索清洁能源发展的可行性及有效性；最后对碳减排、碳足迹相关理论进行总结，并对低碳经济模式的研究进行了述评，指出全球学术界对低碳经济内涵的共识，即在减少排放的同时提高经济效益。

2.1 低碳经济理论

2.1.1 低碳经济的概念探讨

低碳经济是经济发展从高碳时代向低碳时代演化的必然选择。从根本上说，低碳经济这一概念的产生是由于人们对气候变化问题的感知和关注，从1992年的《气候变化框架公约》到1995年的《京都议定书》，再到2017年的《联合国气候变化框架公约》第二十三次缔约国大会，国际社会对气候问题的关注度不断提高。人们不断探索气候问题及其所带来的一系列的环境问题产生的原因及应对措施，国际社会一直认为低碳发展、减少碳排放是缓解气候变化的重要手段。当今世界，气候变化给全人类生存和发展带来严峻挑战，全球能源产业链、供应链遭受严重冲击，国际能源价格高位振荡，能源供需版图深度调整，新一轮科技革命和产业革命深入发展，能源系统的安全高效、绿色低碳转型及数字化、智能化技术创新已经成为全球发展趋势。

低碳经济一词最初出现在政府的正式文件中是在2003年英国政府提出的《我们能源的未来：创建低碳经济》中，该概念被提出后就得到了世界各国的广泛关注。从2003年英国的能源白皮书到2005年《京都议定书》确定各国减排目标，再到哥本哈根世界气候大会各国达成共识共同应对全球气候变化，国际组织以及世界各国都在为减少碳排放、探索新的经济发展模式而不懈努力。我国经济在过去的几十年中实现了快速增长，人们的生活水平不断提升，城镇化、工业化进程不断加快，高速增长的背后也承受了环境、资源和生态的代价，以及碳排放量不断增长。

关于低碳经济内涵的分析，最初是从能源发展的角度提出的，即通过新能源的开发和利用以及能源利用效率的提升，减少碳排放。但是随着低碳经济在理论和实践领域的不断发展，低碳经济的内涵更加宽泛，涉及经济、社会、生活的方方面面。低碳经济的发展并不仅仅是要减少温室气体的排放，更是经济发展模式、能源消费方式和人类生活方式的重要变革，低碳经济是以低能耗、低污染、低排放为基础的可持续发展模式。低碳经济已经从能源领域、生产领域逐步扩展到消费领域、生活领域。有研究表明，工业产业内部的低碳化成为低碳转型的核心推动力，第二产业的低碳化应作为我国经济实现低碳化发展的长期战略。加快产业结构的升级，进行低碳经济的技术创新、制度创新和变革，逐步转变经济发展方式，才是低碳经济发展的根本。

低碳经济相关文献中认为低碳经济是传统经济的低碳化发展，强调从宏观、中观、微观三个层面实现低碳化，以低能耗、低污染、低排放为主要手段，实现经济、社会、生态共赢的可持续发展模式与绿色经济发展模式。

在宏观层面以实现国民经济的可持续发展为主要目标，强调经济、社会、生态三者之间的共赢与发展，充分利用科技进步促进低碳技术的研发和推广，实现国家整体层面上的低碳化发展。在中观层面强调通过节能减排这一手段，从节能和减排两个方面双管齐下，重点关注产业层面的低碳发展，不仅强调在能源使用过程中的低碳减排，更加关注社会生活与经济生活中的碳排放等问题，通过优化能源结构与产业结构，充分利用产业链上企业之间的竞合关系，促进产业低碳经济力的提升，促进产业结构的调整。中观层面还强调产业链和产业集群的低碳发展。在微观层面着重强调企业领域的技术创新，比如低碳减排技术、固碳技术、新能源开发技术、碳捕捉技术等，通过企业层面的技术创新带动产业整体的创新，为低碳经济的实现提供动力支撑。因此低碳经济从内涵上来说不仅包括宏观低碳经济的实现，还包括中观、微观的低碳化发展，是以可持续发展理念为指导，最大限度地减少高碳能源的消耗，减少温室气体的排放，促进社会、经济与生态、资源等和谐发展的经济发展模式。

2.1.2 低碳经济模式及特征

低碳经济是以低能耗、低污染、低排放为基础的经济模式，实质是能源高效利用、清洁能源开发、追求绿色 GDP 的问题，核心是能源技术和减排技术创新、产业结构和制度创新以及人类生存发展观念的根本性转变，是人类社会继农业文明、工业文明之后的重大进步。发展模式即运用低碳经济理论组织经济活动，用低碳技术改造生产和生活方式，从而实现经济发展的低碳化，主要可以用以下 3 个方面概括。

(1) 向低碳经济方向发展

朝着低碳经济发展方向前进，在很大层面上能够为经济社会健康、快速、和谐及稳定发展提供强有力的帮助与引导。低碳经济发展模式在很大层面上更加注重低碳的形式，这样也能够很好地为生产与生活质量的提升，以及人类社会的长久与稳定发展奠定完善的基础条件。低碳经济发展模式的有效推进，在很大层面上能够为经济发展提供引导，对过去资源消耗过量的现象进行有效的整改。在这一过程中，对碳排放总量的约束也使得经济发展模式呈现出不同的发展形态。因此，如果想要进一步实现我国各项基本经济实力的发展与进步，就应该将低碳发展、技术创新作为最基础、最关键的条件。

(2) 节能减排的发展方式

现代社会发展进程中经济社会的可持续健康发展，在很大层面上能够减少能源的消耗与使用量。如果想要实现经济社会的低碳与可持续健康发展，就应该将节能减排作为其中非常重要与关键的存在，这样也能够很好地为我国各项经济实力的提升提供强有力的基础支撑与引导。低碳经济基本发展模式中的节能减排工作理念，能够很好地减少外界污染物的排放量，对人们生活环境质量的提升提供强有力的帮助与引导。

(3) 碳中和的发展技术

碳中和技术的出现与应用，在很大层面上改变了传统资源运用发展模式的有效推进。而这种现代化的信息技术手段，在很大层面上也影响了人们的生产与生活。其中比较常见的就是温室气体的补给技术，这种技术的运用从极大层面上对氧气供应效能的提升提供了帮助，减少了很多不利因素出现的可能性。除此之外，温室气体的埋存技术也是碳中和发展技术中比较常见的一种。埋存就是将捕捉到的二氧化碳气体深埋在地下或者海底，这样就能很好地达到减少温室气体排放数量的目的。

世界各国的低碳经济发展模式各有不同，但归结起来有以下几个特点。

① 降低能耗和减少污染物排放，即经济发展过程中要实现"三低"：低能耗、低排放、低污染；

② 经济增长与能源消费、含碳气体（主要指二氧化碳）排放脱钩，不能保持同步增长，在保持经济增长的同时，提高能源效率，减少废气排放；

③ 低碳技术创新是发展低碳经济的直接手段；

④ 开发与利用新型清洁可再生能源作为重要举措；

⑤ 围绕低碳技术创新与发展新型清洁能源进行相关制度创新与法律体系建设。

因此，所谓的低碳经济，是与高能耗、高污染、高排放为特征的高碳经济相对应，以低能耗、低污染、低排放为基础的经济模式，是含碳燃料所排放的二氧化碳显著降低的经济。低碳经济实质是保持经济社会发展的同时，实现资源高效利用，实现能源低碳或无碳开发。

2.1.3 低碳经济实施障碍

（1）能源产业结构仍不合理

由于在以往的发展过程中对传统能源的依赖性较强，尤其依赖煤炭作为主要能源的源头，这就导致了我国的高碳排放，造成了传统能源产业结构较为庞大，且市场需求目前仍然无法在短时间内完成自我调整。即使我国在近年来已经采取了一系列措施来减少对传统能源的过度使用，并且鼓励使用可再生及清洁能源，但我国仍需应对已有的庞大的以煤炭等传统能源为源头的基础设施及相关产业结构调整的考验。目前仍有许多地区与这类产业关系密切，依旧依赖于传统的高碳排放工业，若贸然转型可能会在短时间内产生就业、社会稳定性一类的问题，因此还需要确保能源产业结构的平稳转型，加强基于低碳经济的新能源产业推广速度。

（2）法律制度尚不完善

中国对于低碳经济的治理已经有十余年的历史，但是在立法和制度的重视程度上仍需进一步完善，虽然国家出台了一系列的环保法规，但在部分地区仍有企业存在环境污染，以及执行和监管方面不足的问题，同时还需要提高企业对环境问题认识的重要性等。通过调研实践可以发现，真正遵循了国家提倡进行低碳技术引进和利用的工厂数量相对不足，反映出的问题有排放标准不合规、废物处理不当等。因此只有加强立法和制度设计，才能提高企业的主观意识，推动中国的低碳经济快速发展。

(3) 低碳技术有待提高

与欧美发达国家相比，中国近几年在低碳经济领域发展已取得了很大的进步，但仍有待进一步规模化和提升。我国当前在风能、太阳能、生物质能、氢能等新能源方面开发推广较为广泛，但如何实现清洁能源的快速转型替代，提高清洁能源利用效率，实现源网荷储一体化的新兴能源系统解决方案，发展新型电力系统，尚有很大的发展空间。以风能开发为例，近年来，风力发电效率得到了显著提升。风机测试效率已经达到了 $40\%\sim50\%$，而风力发电的理论极限效率为 59.3%。中国风力发电规模虽然已经达到了世界第一的水平，但仍需提升更加先进的风力涡轮机设计以及制造技术，实现更加高效的风力发电系统。另外在风电场的规划、建设运维管理以及后续维护和性能监管方面，如何实现降低成本，减少管理技术经验不足等，也是亟待解决的难题。

2.1.4 低碳经济模式研究述评

低碳经济在《我们能源的未来：创建低碳经济》中首次提及，报告的中心思想是将依赖高耗能的传统生产模式逐渐转变为碳排放更少、可再生能源利用率更高的清洁能源经济发展模式，即以更少的生态环境牺牲为代价而得到更高的经济效益。随着经济全球化，气候和环境问题已经成为了全球性问题，因此众多学者围绕低碳经济的含义、实施具体路径和政策制度等方面进行了积极的探索与研究。

Nicolas Stern 于 2006 年发表了《气候变化经济学：斯特恩报告》，这一报告书全面评估、广泛分析了全球气候变化的经济影响。他的核心论点是，缺乏减缓气候变化的行动将导致重大的经济损失，概述了气候变化的经济成本和早期干预的经济利益，为全球向低碳经济转型提供了令人信服的理由。英国经济学家 Kate Raworth 在 2007 年出版的《甜甜圈经济学：像 21 世纪经济学家一样思考的七种方式》中介绍了一个开创性的经济模型。这种模式强调经济活动需要同时考虑社会边界和行为边界，即满足人们的基本需要和生态系统的可持续性。Raworth 认为，经济应该在这些边界之间取得平衡，确保经济增长不会以牺牲社会公平或生态系统的健康为代价。这一方法突出了低碳和可持续发展的重要性，在讨论可持续经济和政策制定时引起了人们的极大关注。Cheng F Lee 等构建了基于模糊目标规划的碳税模型，建立了三种碳税情景，并分析了它们对碳减排的影响。他们的结论是碳税是有益的，可以在全球范围内激励碳税的政策方针。Andrea Baranzini 等研究了不同国家对能源产品征收的碳税，指出各国的碳税税率缺乏一致性，差异巨大，导致碳税的国际协调面临挑战。因此，为了实现减排目标，有必要在实施碳税的同时改革能源税。Charles Levy 使用数据包络分析（DEA），将能源消费和 GDP 增长率考虑在内，对影响碳排放的因素进行了分析，发现能源消费和碳排放呈正相关，与 GDP 增长率呈负相关。Oshihiko 使用人口、GDP 和第二产业的比例等变量探索了低碳经济的关系。Jyoti Parikh 利用 Lotka-Volterra 模型定量分析了人均 GDP、能源消费和碳排放，研究表明碳排放和能源消费呈正相关。关于低碳经济研究普遍认为低碳经济是政府通过制度创新在市场中推行清洁能源、可再生能源以及低碳技术的使用，从而在低能耗、低排放、低污染的前提下提升经济效益，发展绿色经济。

中国学者对低碳经济的研究角度与内容各不相同，但与西方学术观点亦有相似之处。刘蓓华和刘爱东利用主成分分析法来衡量中国 15 个代表性省份的低碳经济发展水平，其中共使用包括碳排放总量在内的 15 个解释变量。徐洪波根据对气候变化的易感程度设计了评价指标，建议将评价视角转向源头减排，以达成真正实现低碳发展的目标。闫树熙和马佳佳提出在建立低碳经济评价体系时，必须从经济层面和低碳发展两个角度选择和构建评价指标，并应用因子分析来计算陕西省各城市低碳经济的综合得分。王文军和刘丹认为，低碳经济体现了可持续发展理念的实现，发展低碳经济开辟了新的路径和模式，这代表了工业文明的辩证传承同时推动了人类文明的转型。王迅认为，中国重工业的发展是造成环境污染的主要因素，因此企业需要通过不断改革、提高生产力来实现低碳节能生产。吕志臣和胡鞍钢认为，基于人类对于自然界态度的转变，低碳经济是一种以低排放、低污染、低能耗为前提应运而生的新经济模式。因此，显然全球学术界对低碳经济内涵的共识都是在减少排放的同时提高经济效率。综上，中国学者的研究强调了发展低碳经济的不可否认的必要性。

2.2 清洁能源相关理论

2.2.1 清洁能源概念

清洁能源是指在生产和使用过程中不产生有害物质排放的能源，可再生的、消耗后可得到恢复的或非再生的（如风能、水能、天然气等）及洁净技术处理过的能源（如洁净煤、油等）。准确来讲，清洁能源并不是简单的能源的一种分类，而是对能源进行高效利用、系统应用的技术体系。在资源日渐枯竭的时代下，如何对清洁能源进行开发和利用成为了全球各国家，尤其是能源短缺国家的重要课题。

清洁能源可以分为两大类，可再生能源和不可再生能源。可再生能源消耗后可得到恢复补充，大部分可再生能源都是用之不竭的，且不产生或极少产生污染物。如海洋能、太阳能、风能、生物能、水能、地热能、氢能等。中国目前是世界上最大的太阳能、风力的发源地。不可再生能源在生产及消费过程中应尽可能减少对生态环境的污染，包括使用低污染的化石能源（如天然气等）和利用清洁能源技术处理过的化石能源，如洁净煤、洁净油等。核能虽然属于清洁能源，但消耗铀燃料，不是可再生能源。

化石能源的燃烧会释放大量的温室气体，而可再生能源排放极少量的二氧化碳，表 2-1 给出了生活中比较常见的不同类型能源二氧化碳排放系数。很明显的是可再生能源的二氧化碳排放系数远小于化石能源的二氧化碳排放系数，因此在能源消费时如果提高可再生能源的占比，将有助于实现碳减排。

表 2-1　不同类型能源二氧化碳排放系数

能源类型	二氧化碳排放系数
煤	0.95～1.05 千克二氧化碳/千克标准煤
石油	0.72～0.78 千克二氧化碳/千克标准煤
天然气	0.53～0.55 千克二氧化碳/千克标准煤
核能	0.009～0.019 千克二氧化碳/千瓦时
水电	0 克二氧化碳/千瓦时
风能	0 克二氧化碳/千瓦时
太阳能	0 克二氧化碳/千瓦时

(1) 清洁能源利用现状

在我国，规模化应用的清洁能源包括太阳能、风能、核能等。而且随着我国清洁能源低碳化进程不断加快，水电、风电、光伏、在建核电装机规模等多项指标均保持世界第一，我国也已经建成世界最大清洁发电体系。从全国发电装机容量上看，清洁能源发电装机容量的占比也是逐年攀升。截至 2023 年，清洁能源发电装机容量比重已经达到了 37.94％。2019～2023 年清洁能源发电装机容量比重情况如图 2-1 所示。

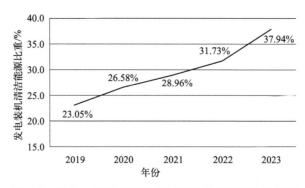

图 2-1 2019~2023 年清洁能源发电装机容量比重情况

我国水电行业集中度较高。由于水电行业的整体发展已经较为成熟，目前新增装机容量增速已趋于稳定，未来爆发式增长的概率较低。近年来我国水电发电量占我国整体发电量 15% 左右，较为稳定。

风电行业作为一直有政策明确引导规划的行业，依靠发展以来长年累计的装机容量，风电的发电量每年加速提升，成为清洁能源发电的中坚力量。2019~2023 年水电、核电、风电、太阳能发电装机容量情况如图 2-2 所示。

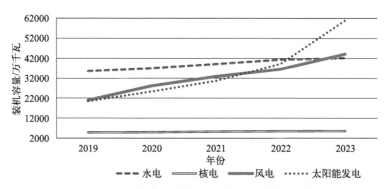

图 2-2 2019~2023 年水电、核电、风电、太阳能发电装机容量情况

我国光伏行业虽然起步时期较其他清洁能源行业较晚，但也是近年来增长最快的。受国家光伏行业补贴、金融扶持等政策影响，2022 年以来光伏新增装机量可谓是加速增长。2022 年，光伏行业仍然是以产能为主导，市场规模和新增装机量都取决于多晶硅的产量，体现出供不应求的状态。

据国家统计局数据计算，近 5 年来我国清洁能源生产占比持续上升，其中清洁能源产量始终保持增长趋势。2023 年能源生产总量为 48.3 亿吨标准煤，比上年增长 4.1%。能源生产结构中煤炭占 66.6%，石油占 6.2%，天然气占 6.0%，水电、核电、风电等占比 21.2%，清洁能源生产比重在 5 年内提高了

2.6%；2023年全国能源消费总量57.2亿吨标准煤，比上年增长5.7%。能源消费结构中煤炭消费量占能源消费总量的55.3%，石油消费量占能源消费总量的18.3%，天然气、水电、核电、风电等清洁能源消费量占能源消费总量的26.4%。清洁能源消费比重持续上升，发展潜力大。清洁能源消费占能源消费总量的比重从2019年的23.3%上升到2023年的26.4%。2019~2023年清洁能源生产和消费总量比重情况如图2-3所示。

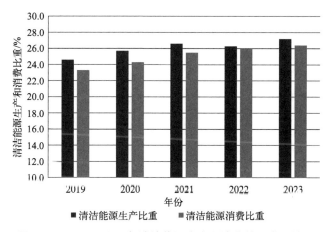

图2-3　2019~2023年清洁能源生产和消费总量比重情况

(2) 清洁能源利用趋势

世界范围内正在掀起清洁能源发展浪潮，主要能源消费大国都将发展清洁能源作为拉动经济增长、带动产业发展、保障能源安全和降低温室气体排放的重要途径，美国、欧盟都提出了中长期可再生能源发展目标。随着全球能源转型，煤炭使用量大幅减少，其核心地位逐步降低，清洁能源成为全球应对气候变化的重大举措。

2022年国家发展改革委、国家能源局印发《"十四五"现代能源体系规划》提出，西部地区化石能源和可再生能源资源比较丰富，要坚持走绿色低碳发展道路，把发展重心转移到清洁能源产业，重点建设多能互补的清洁能源基地，加快推进以沙漠、戈壁、荒漠地区为重点的大型风电光伏基地项目建设。以京津冀及周边地区、长三角等为重点，加快发展分布式新能源、沿海核电、海上风电等，依靠清洁能源提升本地能源自给率。到2025年，非火力发电量比重将达到39%左右。另外，根据全球能源互联网发展合作组织发布的《中国"十四五"电力发展规划研究》报告，2025年我国新增装机容量将达29.5

亿千瓦，其中清洁能源装机容量占比将达到57.7%。

2.2.2 清洁能源实施战略

2019年9月20日，国家能源局发展规划司司长李福龙表示，在研究"十四五"能源发展规划，将继续壮大清洁能源发展，提高可再生清洁能源占总能源消耗的比例。2019年12月16日，2020年全国能源工作会议在北京召开。会议总结了2019年工作成绩，部署了2020年重点任务，指出深刻认识煤炭的基础性保障作用，持续做好煤炭清洁高效利用。2020年，国家能源局继续稳基础、优产能，切实抓好煤炭兜底保障。逐步淘汰30万吨以下落后产能煤矿，有序核准新建大型煤矿项目；做好煤炭与煤电、煤制油、煤制气等相关产业协调发展；合理安排煤电建设投产规模和时序，着力提高电煤在煤炭消费中的占比，持续降低供电煤耗；稳妥发展煤制油气。切实抓好清洁能源发展和消纳，积极推进陆上风电和光伏发电平价上网，2021年实现陆上风电全面平价；同时，推进沿海核电项目建设，推动电力系统源网荷储协调发展，下大力气解决好新疆、甘肃、四川等地区的清洁能源消纳问题。

2022年6月1日，国家发展改革委、国家能源局等九部门联合发布《"十四五"可再生能源发展规划》（以下简称《规划》）。《规划》提出，要大规模开发并高效利用可再生能源，加快培育新模式新业态。《规划》明确，到2025年可再生能源消费总量达到10亿吨标准煤左右，占一次能源消费的18%左右；可再生能源年发电量达到3.3万亿千瓦时左右，风电和太阳能发电量实现翻倍；全国可再生能源电力总量和非水电消纳责任权重分别达到33%和18%左右，利用率保持在合理水平；太阳能热利用、地热能供暖、生物质供热、生物质燃料等非电利用规模达到6000万吨标准煤以上。《规划》首次采取九部门联合印发形式，体现出可再生能源利用要实现既大规模开发、也高水平消纳、更保障电力稳定可靠供应，必须依赖于能源、财政、自然资源、生态环境、住建、农业农村等主管部门之间的协同机制。

国家能源局印发《2023年能源工作指导意见》的通知中明确当前主要目标为供应保障能力持续增强。全国能源生产总量达到47.5亿吨标准煤左右，能源自给率稳中有升。原油稳产增产，天然气较快上产，煤炭产能维持合理水平，电力充足供应，发电装机达到27.9亿千瓦左右，发电量达到9.36万亿千瓦时左右，"西电东送"输电能力达到3.1亿千瓦左右。结构转型深入推进，煤炭消费比重稳步下降，非化石能源占能源消费总量比重提高到 18.3% 左右。非化石能源发电装机占比提高到 51.9% 左右，风电、光伏发电量占全社会用电量的比重达到 15.3%。稳步推进重点领域电能替代，质量效率稳步提高。单位国内生产总值能耗同比降低 2% 左右，跨省区输电通道平均利用小时数处于合理区间，风电、光伏发电利用率持续保持合理水平。新设一批能源科技创新平台，短板技术装备攻关进程加快。

2.2.3 清洁能源发展路径

(1) 能源转型发展中的优势

① 清洁能源快速发展。近些年，我国大力推广可再生能源以实现其对化石能源的替代，在清洁能源领域、水电、风电、光伏发电装机容量的投资额都位于世界首位。目前，我国水电、风电、光伏发电、生物质发电装机规模稳居世界第一。截至 2022 年底，全国可再生能源发电装机突破 12 亿千瓦，占全国发电总装机的 47%。从发电量来看，我国可再生能源发电量达到 2.7 万亿千瓦时，占全社会用电量的 31.6%。

我国能源生产结构正以传统的煤炭、石油等化石能源为主，向多元化方向发展。从能源消费结构来看，清洁能源消费占能源消费总量的比重呈平稳增长态势。由此可见，可再生能源正日益成为清洁能源增长的主要动能，是未来能源消费结构改革的重点和能源消费低碳化的关键。

② 我国已形成具竞争力的产业链体系。国际能源署在报告中表示，中国是全球可再生能源领域的领跑者。2023 年中国风能新增装机容量比上年增长 66%，2023 年中国太阳能光伏新增装机容量相当于 2022 年全球太阳能光伏新增装机容量。预计到 2028 年，中国将占全球新增可再生能源发电量的 60%，中国对全球实现可再生能源增加两倍目标发挥着至关重要的作用。我国已建成相对完善的清洁能源装备产业链、供应链体系，在东北、西北、东部沿海、成渝等地区培育了一批高水平装备研发制造基地，形成了以哈尔滨电气、东方电气、上海电气等为代表的一批具有全球竞争力的一流能源装备企业，产业链竞争力不断提升。其中，我国的光伏产业是其中最具代表性的案例，拥有全球最完整的产业供应链优势，发展势头迅猛。

(2) 清洁能源发展中遇到的挑战

① 部分清洁能源利用率低，技术亟待突破。目前我国一些新能源，比如

天然气水合物、热页岩、石墨烯、氢能等亟须技术突破，只有通过技术突破，实现产业化，才能降低清洁能源成本，进一步引导新能源消费，从而逐步替代传统的化石能源。部分能源技术还存在着不稳定、不安全的特性，想要做到能源彻底转型难度很大。

由于我国碳中和进程与国外相比起步较晚，碳中和技术面临着滞后发展的难题。目前来看，我国碳中和各技术链条发展水平差距较大，尚未达到大规模商业化运行的水平，技术成本较高，因此还需加大创新研发力度，以商业化目标为前提，进一步降低减排技术的成本与能耗。

② 能源结构仍需进一步优化。近10年来，我国持续推动能源结构优化调整、优先发展非化石能源、加快清洁能源发展。煤炭消费量在能源消费总量中的比重逐年降低，但仍然占据主导地位；石油消费量近10年占比变化不大；天然气消费占比稳中有升；水能、核能、风能、太阳能等一次电力及其他能源消费占比加快提升，2023年较2013年占比翻倍，达到17.9%。

③ 发展清洁能源成本过高。虽然中国能源资源较丰富，但能源开发难度较大，持续供给能力不足。从目前来看，前期清洁能源对研发的资金投资和设备原料的投入远远高于传统能源。从发达国家的清洁能源发展经验来看，有一大部分高科技企业在清洁能源的研发和生产领域占据着重要地位，怎样加大投入力度，用积极政策来调动广大企业的积极性依然是当前的主要课题。

④ 用于清洁能源转型的材料供不应求。清洁能源虽然能够逐步淘汰高污染的化石燃料，但是各种生产材料的使用却在大幅增加：用于电池的锂、钴和镍；用于风力涡轮机和电动机的稀土元素；用于太阳能电池板的硅料；扩大电网增加用的铜量等。锂离子电池的制造将消耗大量的钴、镍金属原材料，如果不能循环利用将会造成浪费。未来5~10年内，目前用于生产锂离子电池的原材料就会被消耗殆尽。在不造成更严重的环境危害和社会不平等的情况下，如何应对这些材料需求的挑战是一项紧迫的任务。

研究表明，生产能够实现清洁能源转型的材料是一项艰巨的任务。国际能源署预测，要实现《巴黎气候协定》的目标，需要在2020~2040年期间将清洁能源相关材料的产量扩大6倍，达到每年4300万吨。镍、钴、铜等许多其他清洁能源相关材料存在于低品位矿石中，与化石燃料相比，这些材料需要更多的采矿、加工流程，产生更多的废料。为了确保产出数百万吨的成品材料，需要开采数百倍甚至数千倍的原矿，这一过程中需要扩大加工金属矿石的规模与今天化石燃料行业的材料产量相匹敌。

(3) 清洁能源发展路径的选择

① 提高清洁能源技术水平。清洁能源发展的根本是技术创新，要加大清洁能源技术研究力度，提高能源转换效率，降低成本；要加快提升核电安全开发、风电和太阳能合理消纳、可再生能源随机间歇等方面的相关技术，实现核电发展安全、风电发展有序、太阳能发展多元化。此外，对潮汐能、地热能和生物质能等新能源给予适当政策倾斜，促进分布式能源系统技术进步与应用推广，把握新能源发展主动权。

在工业、建筑、交通运输、公共机构等重点领域及行业全面实施节能技术改造，通过对标国内外先进能效水平，确定各行业能效标杆水平，并以此作为企业技术改造的目标方向。集中攻关一批前景广阔但核心技术受限的关键技术，占领能源技术创新的制高点。通过推进整体煤气化联合循环发电系统（IGCC）、煤气化燃料电池系统（IGFC）等清洁高效的新一代发电技术的应用，加快碳捕获、利用与封存技术（CCUS）的开发，推进新一代核电、燃料电池研发力度等，巩固能源技术的核心地位，为全球能源变革提供中国技术、中国经验和中国模式。

② 进一步完善清洁能源法律法规。清洁能源行动是一项庞大的系统工程，需要各方面政策的支持。要利用好、协调好相关政策的作用。其中特别要注意政策作用的发挥和应用。国家相关部门必须完善清洁能源相关政策法律法规，做好顶层制度设计，同时建立相应的清洁能源开发和环境保护的监督机制和配套政策以保障政策的落地执行，完善清洁能源法律法规的具体措施见表 2-2。

表 2-2 完善清洁能源法律法规的具体措施

制定财税金融优惠政策	相关部门确定清洁能源政策发展重点领域和重点扶持对象，给予财政或税收方面的优惠。对于符合条件的企业或团体给予一定的税费优惠，从而促进企业进一步开发清洁能源的内在热情
完善政策保障政策实施	切实推动产业政策落地生根，并及时总结政策执行过程中的相关问题并加以改进和完善，确保政策的延续性
建立监督机制和配套政策	针对相应的清洁能源开发和环境保护方面明确管理部门的监管责任和履约责任

③ 优化清洁能源产业布局。清洁能源产业布局的优化是一个全球性的重要挑战，涉及可再生资源的精准评估、能源供应链的高度多样化、分布式能源系统的普及、基础设施的卓越升级，以及政策层面的前瞻支持和激励

机制。

a. 智慧的资源配置。在当前全球所面临的"双碳"大形势下，清洁能源的资源优化毫无疑问是所有国家进行战略布局的基石，因此能够精确评估不同地区的太阳能、风能、水能，以及其他可再生能源资源的潜力变得至关重要。借助大数据分析实现对资源分布的精准识别，从而定位并选定最适合延续发展的清洁能源项目。这种智慧化的资源配置使能源生产效益最大化的同时对环境的影响也降到最低。

b. 精密的能源供应链。优化清洁能源产业布局需要建立高度多元化的能源供应链，以确保能源的持续供应。多元化能源供应链除了包括各种可再生能源，还应包括储能系统和智能网格技术。这种技术一旦投入实际应用，那么将会减轻对某种特定能源类型的过度依赖，整体系统的弹性也会显著提高，并在面对不同的气象条件时也能维持可靠性。

c. 去中心化的未来。分布式能源系统包括太阳能光伏板、小型风力涡轮机以及分布式储能系统，这些系统若能广泛应用于城市、乡村及工业地区，能源产业的灵活性和可持续性也会随之提高。不难预见，随着分布式能源系统的普及，未来清洁能源的产业布局将更加去中心化。这就意味着能源生产地能够更加靠近能源使用点，输电的成本也会大大降低。

d. 基础设施的巨大提升。为了实现清洁能源产业的布局优化，满足对清洁能源持续增长的需求，必须对输电配电系统进行大规模改进升级。同时，不同地区的清洁能源产业只有形成良好的互联互通关系，才能实现能源共享，因此这就需要加强跨境协调与合作来确保能源得以高效分配，从而实现全球清洁能源的可持续发展。

④ 构建细化的清洁能源体系。加快发展清洁低碳能源，促进化石能源清洁高效利用，是调整能源结构、保障能源安全、建设生态文明的重要措施，更是现代能源体系建设的关键。围绕安全、清洁、低碳、高效四个关键词构建清洁能源体系，推动能源体系构建，首要问题是安全。根据我国不同地域能源禀赋，进行清洁能源项目的合理配置与优化，同时确保电力系统的安全分布。在短期无法实现摆脱煤炭消费时期内，进行煤炭的清洁利用并做好转型替代。规模化开发页岩气、煤层气、致密油气资源，控制化石能源消费的同时又使非化石能源持续得到高效利用。

从国家层面制定和完善现行节能标准确定的准入值和限定值，科学划定各行业能效基准水平，进而促使行业整体能效水平和碳排放强度逐步接近国际先进水平，实现能源高效利用，有效降低能耗和减少二氧化碳排放。

推动电力、煤炭、油气市场化改革；推动电网体制改革，明确增量配电网、微电网和分布式电源的市场化地位；形成以储能和调峰能力为基础支撑的新增电力装机发展机制；统筹推动碳排放权、用能权、电力交易等，完善绿色电价政策。

2.3 碳减排碳足迹相关理论

2.3.1 碳减排概述

碳排放量，即二氧化碳排放量，是国际社会在最近10～20年来应对全球气候变化的过程中频繁触及的一个新概念。从表面上看，碳排放量的高低是人类能源利用方式和水平的反映，但从本质上讲，更是人类经济发展方式的新标识。农业社会本质上是一个低碳社会，太阳能不仅为自然生态系统循环提供了巨大的能量来源，也为人类生存提供了生物质能。而工业社会本质上是一个高碳社会。由于化石能源（如石油、天然气和煤炭等）的能量密度高、使用方便，使得开采、利用化石能源规模和水平成为现代农业、现代工业和现代社会发展的标志。化石能源的消耗的确提高了人类的活动水平和生活标准，但与此同时也给地球环境带来了严重的破坏，尤其是二氧化碳等温室气体的过度排放。科学家经过一系列研究发现：随着化石能源开发和利用的规模不断扩大，碳排放量的大幅度增加使得地球大气层中的温室气体（CO_2）浓度已发生了深刻的变化，并开始影响人类生存的自然生态系统。人类需要迫切找寻减少碳排放量的措施来克服对气候变化的不利影响。

碳减排，即减少二氧化碳排放量。自1850～1860年英国以蒸汽机为标志的第一次工业革命以来，温室气体（CO_2）浓度一直处在快速上升的趋势（IPCC，2000）。1992年联合国环境与发展大会首次把全球资源环境管理提升到国家发展战略高度，提出了可持续发展（sustainable development）理念，通过《联合国气候变化框架公约》（UNFCCC）明确提出了控制大气中温室气体浓度上升，减少二氧化碳排放是国际社会共同的责任和义务。随后的15年中，国际社会都在为协商和制定二氧化碳减排的国际履约协议而努力，这些努力为孕育低碳经济和低碳社会播下了思想的种子。

中国自改革开放以来，中国经济一直保持高速增长态势，但高投入、高排放为特征的粗放型发展模式带来了严重的环境问题。目前中国已成为世界最大的碳排放国家之一，如何控制碳排放增速和降低碳排放强度已成为中国亟须解决的重大课题。因此，碳减排一词也成为了衡量低碳经济发展水平的重要标准，也是高速实现低碳经济的重要途径。

当人们在探索碳减排的途径和方法时，发现碳减排不仅涉及传统的产业结构、工业结构和能源结构的问题，而且涉及人类传统的生产方式、生活方式和消费方式等问题，从本质上触动了人类经济发展方式变革的问题。

2.3.2 碳足迹概述

（1）碳足迹

随着全球气候变暖日益引起各国政府和公众的普遍关注，碳足迹成为近年来学术界的新兴研究热点之一。目前，各国政府和相关机构都纷纷开展了碳足迹评价方法的研究，且陆续制定了碳足迹评价标准或规范。全球许多组织机构和政府部门开始采用碳足迹（carbon footprint）这一概念来衡量产品、服务、组织、城市及国家的温室气体排放量，为减排方案的制订提供决策依据。

相对于其他碳排放研究的区别，碳足迹是从生命周期的角度出发，破除所谓"有烟囱才有污染"的观念，分析产品生命周期或与活动直接和间接相关的碳排放过程。碳足迹起源于生态足迹的概念，但目前对于碳足迹的准确定义还没有统一，各国学者有着各自不同的理解和认识。表2-3是对碳足迹的相关定义进行梳理。

表2-3 碳足迹的相关定义

来源	定义
百度百科	是指企业机构、活动、产品或个人通过交通运输、食品生产和消费以及各类生产过程等引起的温室气体排放的集合
牛津词典	是一种测量人或者组织因消费化石能源等造成的二氧化碳和其他温室气体排放的方式
维基百科	是指个人、活动、组织、服务、场所或者产品产生的温室气体排放
ISO 14067	是基于生命周期法评估得到的一个产品体系中对温室气体排放和清除的总和

综合各国学者对碳足迹这一概念的分析，本书对碳足迹的概念总结为：在人类生产和消费活动中所排放的与气候变化相关的气体总量。在全生命周期能量消耗的碳排放量，预示着从生产到产业链全过程下依据项目规模限定的碳排放数值，也就是碳足迹值。

碳足迹作为一种衡量人类活动对气候变化影响的重要指标，其涵盖的范围广泛且具有深度。按照其与生产生活活动的直接关联程度，碳足迹可以分为第一碳足迹和第二碳足迹两大类。

① 第一碳足迹也称为直接碳足迹，主要源自人们在日常生活中直接消耗化石能源所产生的二氧化碳排放。例如，当个体选择乘坐飞机出行时，飞机燃烧航空煤油产生的二氧化碳直接排放到大气中；在电力生产过程中，无论是火力发电还是部分工业生产所需的能源消耗，都可能产生显著的直接碳排放。这些活动导致的碳排放量相对容易计算和量化，并且通常在短期内对全球温室气体总量产生直接影响。

② 第二碳足迹则是指由于生产和销售商品的过程中所产生的间接碳排放。这类碳足迹涉及商品从原材料采集、生产制造、物流运输、销售服务直至回收利用等全生命周期内的所有环节所导致的温室气体排放。以消费一瓶瓶装水为例，除了喝水本身不产生碳排放外，从水源地取水、净化处理、装瓶、运输至零售点、再到消费者手中的全过程，都可能产生碳排放。这些环节中的能源消耗和活动可能导致一定的碳排放量，尽管这些排放并非直接来源于消费行为本身，但它们同样对全球气候变化产生影响。对于消费者而言，在关注产品性价比的同时，也应该意识到购买和使用商品背后的碳成本。

从应用层面，碳足迹可分为国家碳足迹、组织碳足迹、产品碳足迹和个人碳足迹等。其中，产品碳足迹是碳足迹中应用最广的概念，是指产品的整个生命周期，包括从原材料的生产、运输、分销、使用到废弃等流程所产生的碳排放量的总和，是衡量生产企业和产品绿色低碳水平的重要指标。

① 国家碳足迹是指一个国家在经济发展和社会活动中所产生的二氧化碳等温室气体的总量，反映了该国在全球气候变化问题上的贡献和责任。国家碳足迹的核算有助于制定国家层面的减排政策和低碳发展战略。

② 组织碳足迹是指一个企业或机构在其运营过程中产生的碳排放总量，包括生产过程、办公活动、物流运输等多个环节的温室气体排放。通过测量组织碳足迹，企业可以明确自身的碳排放状况，找出减排的关键环节，并采取措施降低碳排放，实现绿色可持续发展。

③ 产品碳足迹是碳足迹概念中应用最为广泛和深入的一个方面，涵盖了从产品的原材料采集、生产制造、运输分销、使用阶段到最终废弃回收整个生命周期过程中的碳排放。具体到每一个环节，例如原材料生产可能涉及能源消耗和排放，运输和分销过程中的燃油消耗也会产生温室气体，而产品在使用阶段可能由于能源消耗或间接导致（如电力消耗）进一步产生碳排放，最后在废弃处理环节，不同的处理方式会对环境产生不同的影响。产品碳足迹是评估产品对环境气候影响的重要指标，能够帮助生产企业在产品设计、生产流程改进等方面采取措施，减少碳排放，提高产品的环保性能和市场竞争力。

④ 个人碳足迹是指个人日常生活、出行、消费等活动所产生的碳排放。比如，一个人选择开车上下班，那么在这个过程中消耗的汽油就会转化为二氧化碳排放到大气中，这就是他的个人碳足迹的一部分。通过了解个人碳足迹，可以引导个人改变生活习惯，选择更加环保低碳的生活方式，从而减少对环境的影响。

在碳足迹这一领域，当前的研究工作正集中于以下两个关键方面。

① 碳足迹研究尺度及应用发展。付伟等学者通过深入分析碳足迹的概念演变、详细的碳足迹核算方法以及其在不同行业和场景下的应用范围，系统性地梳理了碳足迹研究的最新进展，不仅探讨了碳足迹的基本理论框架，还关注其在政策制定、企业运营及产品生命周期评估等方面的实际应用。李木森等专家则将焦点转向国际碳税政策、国内碳减排战略以及碳标签制度的建立等方面，强调了碳标签制度对于促进低碳发展、提升产品透明度和引导市场消费的重要性。他们探讨了碳标签制度在推动企业节能减排、引导消费者选择低碳产品以及助力国家实现减排目标等方面的必要性和紧迫性。

② 碳足迹在产业链中的战略实施。潘永明等研究人员从市场需求的角度出发，构建了一个包含供应商和零售商两级供应链的 Stackelberg 博弈模型，研究在碳标签制度下如何通过策略协调来优化供应链的整体绩效。他们深入探讨了碳标签制度如何影响供应链内部成员之间的博弈关系，并提出了相应的协调策略。何文韬等专家则聚焦于碳达峰与碳中和目标对新能源产业提出的新要求和挑战，结合新能源产业全生命周期评价法，详细研究了如何通过实施碳足迹管理来促进新能源技术的进步、降低成本并扩大市场份额。他们的工作为新能源产业实现低碳转型的过程提供了重要的理论指导和实践参考。

(2) 产品碳足迹

产品碳足迹是近年来国际社会广泛关注的一个环保指标，间接反映了产品在全生命周期内对环境友好程度的影响。这一概念在可持续发展和应对气候变化的背景下日益受到重视，其重要性逐渐被各界所认可。产品碳足迹（product carbon footprint，PCF）是指衡量某个产品在其生命周期各阶段的温室气体排放量总和，即从原材料开采、产品生产（或服务提供）、分销、使用到最终处置/再生利用等多个阶段的各种温室气体排放的累加。温室气体包括二氧化碳（CO_2）、甲烷（CH_4）、氧化亚氮（N_2O）、氢氟碳化物（HFC）、全氟化碳（PFC）和三氟化氮（NF_3）等。产品碳足迹的计算结果为产品生命周期各种温室气体排放量的加权之和。

产品碳足迹的意义和作用，大致可归纳为以下几个方面。

① 产品碳足迹的评估有助于企业深入挖掘节能减排的潜力，通过识别生产过程中高耗能、高排放的环节，并针对性地改进生产工艺，优化生产流程，从而降低成本、提高资源利用效率。

② 产品碳足迹的公开透明可以提升企业的品牌形象和社会责任感，从而增强产品的市场竞争力。

③ 产品碳足迹能够满足消费者/客户对低碳商品的需求，随着环保意识的提高，越来越多的消费者倾向于购买低碳产品，推动了企业不断改进生产方式以满足市场需求。

④ 产品碳足迹的认证有助于企业应对绿色贸易壁垒，满足国际市场对低碳产品的要求，为产品顺利进入国际市场提供有力支持。

⑤ 产品碳足迹是绿色产品、绿色工厂、零碳工厂等认证的重要指标之一，通过优化碳足迹管理，有助于企业获得相关认证，提升企业的绿色竞争力。

⑥ 产品碳足迹管理不仅是企业实现绿色发展转型的关键手段，也是助力企业实现碳中和目标的有效途径。通过全面管控碳排放，企业不仅能够减少环境污染，还能够树立良好的社会责任形象，为可持续发展贡献力量。

(3) 碳足迹分析方法

碳足迹分析方法是一种评价碳排放影响的全新测度方法，可以有效评价温室气体的排放。其从生命周期的角度揭示不同对象的碳排放过程，具体衡量某种产品全生命周期或某种活动过程中直接和间接相关的碳排放量，为探索合理有效的温室气体减排途径提供科学依据。目前碳足迹研究中的方法主要有以下3类。

① 过程生命周期评价（process-based LCA，PLCA）。该方法是最传统的生命周期评价法，同时仍然是目前最主流的评价方法。根据ISO颁布的《生命周期评价原则与框架》（ISO 14040），该方法主要包括四个基本步骤：目标定义和范围的界定、清单分析、影响评价和结果解释，而每个基本步骤又包含一系列具体的步骤流程。对于微观层面（具体产品或服务方面）的碳足迹计算，一般采用过程生命周期法居多。目前我国碳足迹核算以过程生命周期评价法为主流。

② 投入产出生命周期评价（input-output LCA，I-OLCA）。该方法反映各部门初始投入、中间投入、总投入与中间产出、最终产出、总产出之间的关系，最初由美国经济学家Leontief于1936年提出。该方法克服过程生命周期评价方法中便捷设定和清单分析存在的弊端，引入了经济投入产出表，这个方法又称为经济投入产出生命周期评价。此方法主要采用的是"自上而下"模型，更多关注宏观层面的经济方向，在评估具体的产品或服务的环境影响时，以整个经济系统为边界，首先"自上"表示需要先核算行业以及部门层面的能源消耗和碳排放水平，此步骤需要借助于间隔发表（非连年发表）的投入产出表，然后再根据平衡方程来估算和反映经济主体与被评价对象之间的对应关系，依据对应关系和总体行业或部门能耗进行对具体产品的核算。该方法能够综合反映经济系统内各部门直接和间接的碳排放关系，克服因部门间生产关系复杂而导致的重复或遗漏计算问题，减少了系统边界划定带来的不确定性，因此该方法一般适用于宏观层面（如国家、部门、企业等）的计算，较少应用于评价单一工业产品。

③ 混合生命周期评价（hybrid-LCA，HLCA）。该方法指的是将过程分析法和投入产出法相结合的生命周期评价方法，按照两者结合方式，目前可以按照其混合方式将其划分为3种生命周期评价模型：分层混合、基于投入产出的混合和集成混合。总体来讲，该方法的优势在于不但可以规避截断误差，又可以比较有针对性地评价具体产品及其整个生命周期阶段（使用和废弃阶段）。但是前两种模型易造成重复计算，并且不利于投入产出表系统分析功能的发挥，而最后一种模型则由于难度较大，对数据要求较高，尚且停留于假说阶段。

需要定量评估产品碳足迹核算标准对于碳足迹的影响，表2-4为产品碳足迹的核算方法对比,以具体产品为研究对象,选取传统的过程生命周期评价方法较为恰当。

表2-4 产品碳足迹的核算方法对比

方法	优点	缺陷	适用范围
过程生命周期评价	精确地评估产品服务的碳足迹和环境影响,可以根据具体目标设定其评价目标、范围的精确度	边界设定主观性强以及截断误差等问题,其评价结果可能不够准确,甚至出现矛盾的结论	微观层面的碳足迹计算
投入产出生命周期评价	较完整地核算产品或服务的碳足迹和环境影响	受投入产出表的制约,时效性不强,同时不一定能够很好与评价对象相互对应	宏观层面的计算
混合生命周期评价	可规避截断误差,还能更有针对性地评价具体产品及其整个生命周期阶段的碳排放	三种混合生命周期评价模型中,前两种模型易造成重复计算;后一种模型则由于难度较大,对数据要求较高	难度偏高、正在发展

(4) 产品碳足迹的核算范围

产品碳足迹的核算范围包括碳排放范围1、范围2、范围3,这个概念来自《温室气体核算体系》,即"GHG Protocol",由世界资源研究所(WRI)和世界可持续发展工商理事会(WBCSD)自1998年起开始逐步制定的企业温室气体排放核算标准,由4个相互独立但又相互关联的标准组成,包括《温室气体核算体系:企业核算与报告标准》《温室气体核算体系:企业价值链核算和报告标准》《温室气体核算体系:产品生命周期核算和报告标准》和《温室气体核算体系项目量化方法》。

① 范围1。直接温室气体排放。范围1排放是来自公司拥有和控制的资源的直接排放,即企业一系列活动导致的直接温室气体排放,主要分为以下4个领域。

a. 固定燃烧。来源包括用于加热建筑物的锅炉、燃气炉和燃气热电联产(CHP)工厂。《京都议定书》涵盖的所有产生温室气体排放的燃料都必须包含在范围1计算中,最常见的燃料是天然气、液化石油气(LPG)、瓦斯油和燃烧油。

b. 移动燃烧。燃烧产生温室气体的燃料的组织,拥有或租赁的所有车辆都属于范围1。通常,这些车辆将是由汽油或柴油发动机驱动的汽车、货车、卡车和摩托车。随着全电动汽车（EV）和插电式混合动力汽车（PHEV）的日益普及，越来越多的消费者选择这些电动汽车，从而使其排放模式属于范围2。

c. 无组织排放。无组织排放来自有意或无意的泄漏，例如设备的接缝、密封件、包装和垫圈的泄漏，煤矿矿井和通风装置排放的甲烷，使用冷藏和空调设备过程中产生的氢氟碳化物（HFC）排放，以及天然气运输过程中的甲烷泄漏。

d. 过程排放。过程排放是指在工业过程和现场制造过程中释放的温室气体，例如在水泥制造过程中产生 CO_2、工厂烟雾、化学品等。

② 范围2。电力产生的间接温室气体排放。范围2是企业购买的能源（包括电力、蒸汽等）产生的间接排放。企业从公用事业公司或其他供应商处购买的电力的生产和分配会影响其范围2的排放，如果某企业的电力组合中化石燃料含量很高（供应商燃烧大量煤炭来生产电力），那么该企业的范围2排放量将高于生物质、可再生电力甚至天然气产生的电力。

③ 范围3。其他间接温室气体排放。范围3是公司价值链中发生的所有间接排放，包括以下几个方面。

a. 外购原料与燃料的开采和生产。

b. 相关的运输活动。运输外购的原料或商品、运输外购的燃料、职员差旅、职员上下班通勤、运输出售的产品、运输废弃物。

c. 范围2之外与电力有关的活动。开采、生产和运输用于生产电力的燃料、外购转售给最终用户的电力、生产被输配系统消耗的电力。

d. 租赁资产、特许和外包活动。

e. 使用售出的产品和服务。

f. 废弃物处理。处理运营过程中产生的废弃物、处理外购原料和燃料生产时产生的废弃物、处理寿命周期结束的售出产品。

(5) 碳足迹标准

由于许多国家或组织均开发并出台了针对不同系统层级的碳足迹核算标准，所以目前碳足迹标准种类较多，根据评估对象的系统层级，碳足迹标准大致可以分为国家与地区、企业与组织、产品评价3个层级。

① 国家与地区层级。目前，国际上比较通用的国家与地区层级碳足迹标准主要是《IPCC国家温室气体清单指南》和《ICLEI城市温室气体清单指南》。《IPCC国家温室气体清单指南》是IPCC发布的核算国家温室气体的

方法学指南，旨在帮助各《联合国气候变化框架公约》的缔约方履行汇报温室气体源的碳排放和碳汇的清除清单，以及提交温室气体排放清单义务。而IPCC是经联合国大会批准，1988年由世界气象组织（WMO）和联合国环境规划署（UNEP）联合建立的政府间组织，是联合国气候变化框架公约（UNFCCC）和全球应对气候变化的核心技术支撑机构。《IPCC国家温室气体清单指南》碳排放方法是分5个经济部门计算碳排放的方法，其中所采用的排放因子以及活动数据属于国家以及区域层面的数据，由于其复杂性和支撑数据较难获得，发达国家采用较多，但发展中国家使用较少。《ICLEI城市温室气体清单指南》是由世界资源研究所（WRI）、C40城市气候领导联盟和宜可城共同提供开发的，提供了一种标准化的温室气体排放量计算方法和监测方法，并开发了CACP软件工具，供加入ICLEI组织和城市气候保护行动（CCP）运动的城市使用。ICLEI与IPCC采用的核算方法类似，CACP软件可以收集城市中能源使用的化石燃料的主要排放源数据，精确计算出每种能源的CO_2排放量。

② 企业与组织层级。企业与组织层级上碳足迹核算采用的标准主要包括《温室气体核算体系：企业核算与报告标准》和ISO 14064标准系列。《温室气体核算体系：企业核算与报告标准》是国际上最具影响力和应用最广泛的企业碳核算工具，涵盖了《京都议定书》规定的6种温室气体：二氧化碳、甲烷、氧化亚氮、氢氟碳化物、全氟化碳和六氟化硫的核算与报告，ISO 14064标准系列、IPCC国家温室气体清单指南，以及我国发布的24个行业企业温室气体排放核算方法与报告指南均是基于此核算标准。

ISO 14064标准系列由国际标准组织ISO发布，应用于企业量化、报告和控制温室气体的排放和消除，是国际社会广泛认可的基础标准。该标准系列包含3个标准，分别就温室气体在组织层面和项目层面的量化和报告、审查和核证做出详细规范。

a.《组织层面的温室气体排放和清除的量化与报告》（ISO 14064—1：2018）；

b.《项目层面的温室气体排放减少或清除增加的量化、监测和报告》（ISO 14064—2：2019）；

c.《温室气体声明验证和确认的规范与指南》（ISO 14064—3：2019）。

③ 产品评价层级。产品评价层级的碳足迹国际标准主要有3个，包括《产品与服务生命周期温室气体排放的评价规范》（PAS 2050：2011），《温室气体核算体系：产品生命周期核算与报告标准》以及《温室气体-产品碳足迹-量化要求

及指南》(ISO 14067：2018)。《产品与服务生命周期温室气体排放的评价规范》(PAS 2050：2011)简称"PAS 2050"，是第一个产品碳足迹核算标准，首版由英国标准协会编制发布于2008年10月29日，2011年进行了更新。PAS 2050是建立在生命周期评价方法之上的评价产品生命周期内温室气体排放的规范，规定了2种评价方法：企业到企业（B2B）和企业到消费者（B2C）。

《产品生命周期核算和报告标准》由WRI和WBCSD联合制定，正式发表于2011年10月，旨在帮助企业或组织针对产品设计、制造、销售、购买以及消费使用等环节制定相应的碳减排策略。该方法在关于碳足迹核算的规定、要求和指导等方面被认为是最详细和清晰的。《温室气体-产品碳足迹-量化要求及指南》(ISO 14067：2018)简称"ISO 14067"，由国际标准化组织（ISO）于2018年发布，该标准根据PAS 2050标准发展而来，但相较于PAS 2050，该标准提供了产品碳足迹核算最基本的要求和指导，被认为是更具普遍性的标准。

2.3.3　碳减排路径

所谓碳减排，就是减少二氧化碳的排放量。随着经济生产活动的开展，全球气候遭到温室气体破坏，必须通过减少二氧化碳排放量的方式缓解全球气候危机。实际上，提出碳达峰碳中和的目标，开展碳减排的工作基本上指的是化石能源的碳。由于煤炭等高污染化石燃料消耗产生的二氧化碳占我国碳排放总量的75%以上，因此碳中和的主攻方向是能源。

对于碳减排的实现路径，可以从供给侧和需求侧两方面来实现。一方面供给侧在降低化石能源使用比例的同时，提高能源利用率，大力发展可再生能源，保证可再生能源在储能调峰系统方面的稳定性，实现能源革命；另一方面，从需求侧实现碳减排，则需要从电力、交通、工业、建筑等高耗能行业入手。例如优化电力设备及技术、停止未应用碳捕集、利用与封存技术的电厂建设；提高建筑节能设计标准，改善电网灵活性；消除产能过剩，提高效率和创新能力，控制能源总需求；完善绿色出行系统，提高交通能效等。

根据2005年政府间气候变化专门委员会的报告，碳捕获与封存技术具有减少温室气体减排成本以及增加实现温室气体减排灵活性的潜力。碳捕获与封存技术是利用吸附、吸收、低温及膜系统等技术将CO_2从工业或相关能源的排放源中分离出来，经过液化压缩，用管道输送到封存地点，深埋于地下碱性含水层中并长期与大气隔绝，从而有助于减少温室气体排放。目前，CO_2捕获和封存技术就是众多碳减排技术中一种应用前景十分广阔的新兴技术。碳捕获与封存技术有望实现化石能源使用的近零排放，减排潜力巨大，因而受到国际社会特别是发达国家的格外重视。

基于以上分析，本书将从发展低碳技术、提高非化石能源比重、加强低碳发展基础能力建设、加强节能减排重点工程建设和开展绿色低碳生活方式五个方面，对碳减排路径、实现低碳经济进行详细说明。

2.3.4 碳足迹应用

碳足迹与人类生活息息相关，反映人的能源意识、生活方式对环境的影响。碳足迹的计算十分复杂，根据不同的事物会有不同的变数，碳足迹的计算包括一切用于电力、建设、运输（包括旅行时乘坐汽车、飞机、铁路和其他公共交通工具）等方面的能源，以及我们所使用的所有消耗品。碳足迹的计算涉及原料采购、物流运输、生产加工、包装、仓储、废物回收等上下游环节，从而体现产业链、供应链的全生命周期碳排放量。搞清楚所产生的碳足迹从哪来，就可以有针对性地从源头减少碳排放，能通过改变消费习惯和行为方式，引导绿色低碳消费。

根据碳足迹的尺度，其可以应用于国际、企业、产品和个人。

(1) 国际碳足迹应用

在国际层面，面对全球气候变化所带来的严峻挑战，各国政府及相关机构均高度重视碳排放问题，并积极投身于碳足迹评价方法的研究工作。这一领域的发展态势迅猛，诸多国家纷纷制定了严谨且具有科学依据的碳足迹评价标准或规范，旨在全面、准确地量化各类产品从生产源头到最终废弃整个生命周期内的碳排放总量。

基于对产品碳足迹的深入评估，碳足迹认证体系也在全球范围内持续演进和完善，对国际合作及国际贸易产生了深远的影响。通过权威机构进行第三方认证，可以有效确保产品碳足迹信息的真实性和可信度，从而推动全球范围内的低碳产品和服务的市场准入机制建设。

与此同时，计算碳足迹并将其转化为公众易于理解的气候信息披露方式，如发展碳标签（产品碳足迹的量化标注），已成为一种极具影响力的环保举措。碳标签不仅能为消费者提供清晰直观的购买指南，帮助他们识别低碳环保产品，还能促使企业在生产过程中减少碳排放，积极迈向绿色低碳转型。当前，碳标签的功能和作用正在不断拓展，从最初的公益性标识逐步演变为产品在全球范围内流通的绿色通行证，进一步强化了碳足迹认证在全球范围内的价值和影响力。

(2) 企业碳足迹应用

近年来，我国对碳足迹管理的重视程度日益提高，陆续出台了一系列相关政策，要求建立重点企业碳排放核算、报告、核查等标准，探索建立重点产品全生命周期碳足迹标准。许多国家越来越多的品牌商和零售商开始了自身的产品碳足迹核算与认证计划。

如今，随着碳足迹应用的越发广泛。越来越多的企业不仅关注企业年度碳排放，也向下游客户披露产品端的碳足迹。各行业头部企业纷纷开始计算并披露其产品碳足迹和减碳产品的碳减排量。

在这样的背景下，碳足迹认证应运而生。碳足迹认证是对一个企业、个人或产品的所有活动所产生的碳排放量进行核算和评估，并最终得出其碳足迹的大小。通过认证，可以确定企业、个人或产品的碳排放情况是否符合国际标准，从而帮助其采取更有效的减排措施和管理方法，实现低碳经济转型和可持续发展。此外，碳足迹认证可以促进企业的社会责任感和公众形象，提高其在市场上的竞争力和信誉度。未来，产品碳足迹证书将极有可能成为市场的下一个绿色通行证。当企业的产品有了碳足迹证书以后，企业就可以针对每一个环节中的碳排放进行精准定位，开展有针对性的节能降耗举措，同时通过全产业链和合作相互减碳，强化企业创新驱动，打破绿色贸易壁垒，主动争取国际贸易的话语权。

(3) 产品碳足迹应用

如今越来越多来自欧美等发达国家和地区的客户明确要求供应商提供其商品的碳信息；越来越多的消费者倾向于购买已明确承诺减少其环境影响的品牌或服务；产品的碳足迹可看作企业的差异化产品策略。产品碳足迹显示了产品生命周期的温室气体排放，可帮助企业发现其产品高环境代价的环节并进行改善，可为企业发现降低财务成本和环境成本的潜力。

中国在产品碳足迹领域逐渐形成向好趋势，2022年8月，工业和信息化部、国家发展改革委、生态环境部联合印发的《工业领域碳达峰实施方案》中明确提出要推行工业产品绿色设计，并探索开展产品碳足迹核算工作。该方案鼓励企业按照全生命周期管理理念进行绿色低碳的产品开发，同时倡导消费者关注并选择低碳足迹的商品。通过建立和完善产品碳足迹认证与核算体系，中国不仅赋予了消费者更多关于产品环境影响的知情权，还通过市场机制有效调动了企业的积极性。消费者在选购商品时，可以根据其碳足迹来选择更加环保的产品，这将在很大程度上推动企业为了获取更多市场份额而主动进行技术革新和设备改造，降低产品生产过程中的碳排放，从而减少对环境的影响。

此外，产品碳足迹的推广也将进一步促进产业链上下游企业的协同减排效应，形成绿色低碳的市场竞争新优势。长远来看，这将有力地推动我国产业结构调整和经济社会发展全面绿色转型，助力实现国家自主贡献目标和全球应对气候变化的战略承诺。

(4) 个人碳足迹应用

墨西哥生物学家达妮埃拉·戈麦斯·德拉马萨强调，尽管个体在日常生活中产生的碳足迹看似微小，但积少成多，每个人的小小消费习惯实则对地球环境产生深远影响。通过减少浪费，比如选择公共交通工具、低碳出行方式如骑行或步行，以及合理规划饮食以减少肉类消费，这些看似细微的行为都能累积成强大的环保力量。

专门从事减缓气候变化工作的工业工程师塞瓦斯蒂安·加尔布塞拉对此说法表示赞同，并进一步指出：我们每个人都是碳足迹的创造者，而这些看似微小的个体行为会产生连锁反应，延伸至整个生态系统的层面。当我们改变自己的消费模式和需求结构，比如减少能源消耗、减少废弃物的产生以及选择更加环保的产品和服务时，我们实际上是在引导整个产业链条向着更加可持续、更加环保的方向发展。

个人的碳足迹涵盖了广泛的领域，如饮食习惯导致的牲畜养殖过程中的甲烷排放、交通选择涉及的燃油消耗和空气污染、购物行为引发的过度包装及运输损耗、娱乐活动涉及的电力消耗等。通过计算和分析这些不同方面的碳足迹，人们可以更直观地理解自己的生活方式如何影响环境，并据此采取有效措施减少碳排放。

近年来，随着环保意识的普及和技术的发展，一系列个人碳足迹计算的网站和微信小程序应运而生，这些工具通过提供详细的碳排放数据，帮助用户清晰地认识到自身行为对环境的真实影响。这样的平台不仅提高了公众对于节能减排的认知度，还促进了良好消费习惯的形成，鼓励人们在日常生活中做到节水节电、绿色出行、减少浪费，从而有效降低了居民消费领域的碳排放量。

本章针对低碳经济、清洁能源、碳减排碳足迹相关核心概念及理论发展进行了详细述评，全面总结了在"双碳"目标下，低碳经济理论的研究现状和发展趋势，不仅提供了对低碳经济概念的深入理解，还详细分析了实施低碳经济的挑战和路径；强调了技术创新、制度创新和市场体系建设在实现低碳经济中的关键作用。同时，还指出了个人消费行为对碳足迹的影响，倡导通过改变生活方式来促进低碳发展，为后续我国省域低碳经济生态体系构建及评价指标设计等相关研究提供了翔实的相关理论基础。

第 3 章

我国省域能源水平供给消费与能源产业构成现状

明确我国能源水平供给消费与能源产业构成现状，有助于调整能源消费结构，实现我国"双碳"战略目标。能源转型是我们"双碳"目标成功与否的关键，能源供应和消费系统亟待变革。我国计划于2030年非化石能源占一次能源消费比重达到25%左右，风电、太阳能总装机容量12亿千瓦以上。因此能源低碳转型进入攻坚期，并面临以下几方面的目标约束。

（1）安全与低碳平衡

我们富煤、贫油、少气的能源禀赋，以及全球频繁发生的极端事件，决定中国能源转型需要综合考虑能源安全供应与低碳环保目标，并积极应对极端事件影响。

（2）多能协同互补

明确煤炭、油气发展定位，实现多种能源协同供应和能源综合阶梯利用。

（3）能源消费优化

以节能技术提高能源利用效率，以电能深度替代化石能源，并系统性改变能源基础设施。

（4）能源系统和网络调整

高比例可再生能源接入需要建立新型能源系统和网络，以实现可再生能源高效消纳、电网安全运行和市场机制高效灵活。

（5）市场化改革推进

推进油气行业竞争性环节市场化改革，建设电力中长期、现货和辅助服务市场相衔接的电力市场体系。

3.1 我国省域能源水平供给消费

3.1.1 我国省域能源资源禀赋现状

我国能源生产增速加快，2013~2023年一次能源需求增长了34.6%。2023年我国能源消费总量达57.2亿吨标准煤，同比增长5.7%。2023年我国发电量94564亿千瓦时，其中，火电、水电、核电、风电和太阳能发电量分别为62657亿千瓦时、12859亿千瓦时、4347亿千瓦时、8859亿千瓦时和5842

亿千瓦时。2023年煤炭产量为32.2亿吨,比上年增长3.2%,消费量31.6亿吨,增长4.4%。石油产量3.0亿吨,增长2.5%,消费量10.5亿吨,增长7.5%。天然气产量2898.0亿立方米,增长5.9%,消费量4862.0亿立方米,增长7.0%。

2023年我国能源消费总量约为57.2亿吨标准煤,比上年增加3.1亿吨标准煤。煤炭消费量增长5.6%,原油消费量增长9.1%,天然气消费量增长7.2%,电力消费量增长6.7%。煤炭消费量占能源消费总量的55.3%,比上年下降0.7%;天然气、水电、核电、风电、太阳能发电等清洁能源消费量占能源消费总量的26.4%,上升0.4%。

2022年末全国发电装机容量256405万千瓦,比上年末增长7.8%。其中,火电装机容量133239万千瓦,增长2.7%;水电装机容量41350万千瓦,增长5.8%;核电装机容量5553万千瓦,增长4.3%;并网风电装机容量36544万千瓦,增长11.2%;并网太阳能发电装机容量39261万千瓦,增长28.1%。全年水电、核电、风电、太阳能发电等清洁能源发电量29599亿千瓦时,比上年增长8.5%。2022年全国万元国内生产总值能耗比上年下降0.1%。重点耗能工业企业单位电石综合能耗下降1.6%,单位合成氨综合能耗下降0.8%,吨钢综合能耗上升1.7%,单位电解铝综合能耗下降0.4%,每千瓦时火力发电标准煤耗下降0.2%。全国万元国内生产总值二氧化碳排放下降0.8%。

(1) 非可再生能源

据自然资源局2023年中国矿产资源报告数据显示。截至2022年末,中国已发现173种矿产,其中,能源矿产13种,金属矿产59种,非金属矿产95种,水气矿产6种。2022年,中国近4成矿产储量均有上升。其中,储量大幅增长的有铜、铅、锌、镍、钴、锂、铍、镓、锗、萤石、晶质石墨等。2022年中国主要能源矿产储量见表3-1。

表3-1 2022年中国主要能源矿产储量

序号	矿产	单位	储量
1	煤炭	亿吨	2070.1
2	石油	亿吨	38.1
3	天然气	亿立方米	65690.1
4	煤层气	亿立方米	3659.7
5	页岩气	亿立方米	5605.6

① 煤炭。在能源储备方面，中国历来都不占优势，很大程度上是源于地理位置以及环境的原因，相比于石油储备丰厚的国家，中国曾挂着"贫油国"的帽子，直到大庆油田得到开采以后，这种局面才得到了改善，可见过去中国在资源储备上的匮乏程度，不过相比之下，中国在一项自然资源的拥有程度上还是位居前列的，这项资源就是煤炭。中国煤炭储备丰富这一客观事实，引得中国朝煤炭能源方面倚重。作为中国最大煤田的神府煤田，储量超过1300亿吨，截至2022年，中国煤炭储量为2070.1亿吨。

我国煤炭资源的基本特点是：总储存量大，种类丰富齐全，但肥瘦不均，优质炼焦用煤和无烟煤储量不多；分布广泛，但储量丰度悬殊，东少西多，北丰南贫；露采煤炭不多，且主要为褐煤；煤层中共伴生矿产多。中国煤炭资源主要集中在山西省、陕北-内蒙古西部地区、新疆北部和川、黔、滇交界地区。这4个地区的煤炭资源分别占全国煤炭资源总量的9.6%、38%、31.4%和5.3%，共计约占85.3%。而沿海工、农业发达的13个省、自治区、直辖市总共只有1686亿吨，仅占总资源的3.4%；其余省、自治区、直辖市约占11.6%。

② 石油。中国目前探明的大多数石油储量都是以页岩油的形式存在，石油品质差，开采极为困难，开采成本高，对开采技术水平要求高。根据2023年全国油气储量统计快报数据，全国油气勘查新增探明储量总体保持高位水平，石油勘查新增探明地质储量连续4年稳定在12亿吨以上，石油勘查新增探明地质储量12.7亿吨，其中新增探明技术可采储量2.2亿吨。我国石油地质资源量1257亿吨，可采资源量301亿吨，截至2023年末，全国石油剩余技术可采储量38.5亿吨，同比增长1.0%。全球石油储量排名在世界排名并不靠前，为13名。我国作为石油消费大国，超过60%的石油都需要进口，制造业全球第一，对石油需求量巨大，沙特阿拉伯是我国石油进口第一大渠道，其次是俄罗斯，第三是伊拉克。作为世界第二经济大国，中国未来对石油的需求仍将持续旺盛。

从地域分布来看，石油资源主要分布在渤海湾、松辽、塔里木、鄂尔多斯、准噶尔、珠江口、柴达木7个盆地，其可采资源量172亿吨，占全国的81.13%。其中东部的渤海湾盆地和松辽盆地石油资源最为富集。

从资源深度分布看，我国石油可采资源有80%集中分布在浅层（<2000m）和中深层（2000~3500m），而深层（3500~4500m）和超深层（<4500m）分布较少。我国能源矿产（储量）见表3-2。

表 3-2 我国能源矿产（储量）

地区	煤炭/亿吨	石油/万吨	天然气/亿立方米	页岩气/亿立方米	煤层气/亿立方米	石煤矿石/亿吨	天然沥青矿石/万吨	油页岩矿石/亿吨	油砂矿石/万吨	地热/(立方米/日)
全国	2070.12	380629.30	65690.12	5605.59	3659.69	5.91	16.89	21.07	18852.20	3063605.59
北京	0.97	17.07	0.04							5098.17
天津	0.00	3693.72	294.50							153537.46
河北	24.22	24159.41	336.49					0.03		727480.61
山西	483.12		1210.59		3326.43			0.00		
内蒙古	411.22	12290.09	10115.95					0.36		42952.89
黑龙江	36.63	31696.32	1343.88					0.00		
吉林	4.88	16633.44	804.53					2.61	13322.14	68807.85
辽宁	10.72	14182.94	152.52		25.01			12.45		9253.60
上海	0.00									
江苏	3.03	2048.07	21.90			0.00		0.00		15885.91
浙江	0.15	133.93				3.07				34594.41
安徽	57.25		0.24		15.73	0.00				169807.61
福建	1.92									80778.87
江西	1.84					0.00				151422.44
山东	32.85	26244.26	347.25					0.12		383285.35

第 3 章 我国省域能源水平供给消费与能源产业构成现状

续表

地区	煤炭/亿吨	石油/万吨	天然气/亿立方米	页岩气/亿立方米	煤层气/亿立方米	石煤矿石/亿吨	天然沥青矿石/万吨	油页岩矿石/亿吨	油砂矿石/万吨	地热/(立方米/日)
河南	44.43	2876.78	61.39			0.00		0.00		24285.43
湖北	0.13	988.78	44.18			0.03	1.51	0.00		112295.79
湖南	2.57					4.09		0.00		43391.08
广东	0.00	15.49	0.97							185433.00
广西	1.51	142.13	1.36			2.72		0.00		5169.99
海南	0.00	558.95	19.35							81716.21
重庆	0.00	220.08	2562.83	1754.96	38.18	0.00	4.50	0.00		92366.00
四川	10.78	641.21	16546.46	3777.69	32.04			1.33		39608.45
贵州	137.30		6.10	72.94				0.19		71009.10
云南	67.13	10.15	0.47					0.00		10478.16
西藏	0.11									1444.74
陕西	290.97	35120.11	11770.37		222.30	0.00				81643.69
甘肃	40.38	48233.81	729.76							369332.00
青海	9.88	8565.05	1034.42							93543.93
宁夏	54.18	5679.91	931.94					3.98	5530.06	1444.74
新疆	341.86	66956.82	11482.11				10.88			8982.85

从地理环境分布看，我国石油可采资源有76%分布在平原、浅海、戈壁和沙漠。

从资源品位看，我国石油可采资源中优质资源占63%，低渗透资源占28%，重油占9%。

③ 天然气。我国天然气总可采资源量达85万亿立方米，居世界第二位，但探明累计可采天然气储量仅为7.36万亿立方米，探明率仅为8.6%。"十二五"期间我国年均增产气75.1亿立方米，"十三五"期间我国年均增产气108.8亿立方米。根据这一趋势，"十四五"期间只要年均增产气122亿立方米，我国2025年的年产气量就可以达到2500亿立方米。

从地域分布来看，天然气资源集中分布在塔里木、四川、鄂尔多斯、东海陆架、柴达木、松辽、莺歌海、琼东南和渤海湾九大盆地，其可采资源量18.4万亿立方米，占全国的83.64%。从资源深度分布看，天然气资源主要分布在中深层、深层和超深层。其中，东部以深层为主，占东部地区资源总量的55%，中部以中深层为主，占中部地区资源总量的47%，西部以超深层为主，占西部地区资源总量的50%，近海以中深层和深层为主，分别占近海地区资源总量的38%和39%。

在这样的能源保障威胁下，我国急需大力发展新能源产业，目前我国的新能源产业在全球暂时领先，未来用新能源去代替石油天然气这类化石能源是新趋势，也是彻底解决我国能源资源不足的唯一方法。

(2) 可再生能源

丰富的可再生能源资源也是我国能源资源禀赋的重要组成部分，太阳、风、生物质等比化石能源更早，更可持续。中国工程院院士、国家气候变化专家委员会顾问杜祥琬提出，"从能源安全角度看，煤炭是第一贡献者。但按照每年煤炭储采量，煤炭储采比仅为40年。因此，逐步、稳步由以煤为主转向以可再生能源为主是长期能源安全之策，也是走向碳中和的必由之路。"

① 风能。中国气象局发布的《2023年中国风能太阳能资源年景公报》（以下简称《公报》）指出，2023年，全国风能资源为正常年景。10m高度年平均风速较近10年（2013~2022年，下同）偏小0.03%，较2022年偏大约0.72%，如图3-1所示。

从空间分布来看，地区差异性较大，如图3-2所示。上海、江苏、海南、河北、浙江、广东、陕西、江西8个省（市）偏小，其中，上海、江苏、海南、河北4个省（市）明显偏小；内蒙古、湖南、山西、四川、辽宁、吉林6

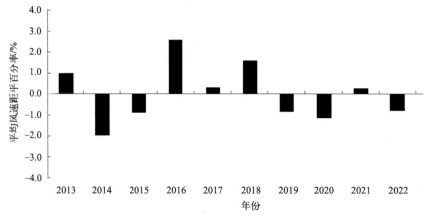

图 3-1 2013~2023 年全国 10m 高度年平均风速距平百分率

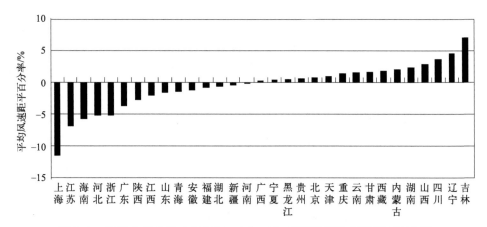

图 3-2 2023 年部分省（自治区、市）10m 高度年平均风速距平百分率

个省（自治区）偏大，其中吉林明显偏大；其他省（自治区、市）属正常年景。

2023 年，全国 70m 高度年平均风速约 5.4m/s。从空间分布看，东北大部、华北北部、内蒙古大部、宁夏中南部、陕西北部、甘肃西部、新疆东部和北部的部分地区、青藏高原大部、四川西部、云贵高原和广西等地的山区、东南部沿海等地年平均风速大于 6.0m/s，其中，东北西部和东北部的部分地区、内蒙古中部和东部、新疆东部和北部的部分地区、甘肃西部、青藏高原大部等地年平均风速达到 7.0m/s，部分地区甚至达到 8.0m/s 以上。山东西部及山东东部沿海的大部分地区、江苏大部、安徽东部等地年平均风速为 5.0~6.0m/s。我国其他地区年平均风速低于 5.0m/s，主要分布在中部和东部平原地区及新疆的盆地区域。

与近10年相比，新疆北部、青海中西部、陕西南部、西藏东北部、云南南部、河北大部、山东北部和东部、江苏大部、上海、广东中西部、海南大部等地年平均风速偏小，其中，青海中北部、江苏南部、上海及海南北部等地年平均风速明显偏小。新疆南部、内蒙古中西部、四川大部、云南东北部、辽宁大部、山西大部、浙江中部、湖南北部和西部、广西北部等地年平均风速偏大，其中，辽宁东北部、云南东北部、广西西北部等地年平均风速明显偏大。其他地区年平均风速接近正常。

2023年，全国70m高度年平均风功率密度约193.5W/m^2。从空间分布看，东北大部、华北北部、青藏高原大部、云贵高原、西南地区和华东地区的山地、东南沿海等地年平均风功率密度超过200W/m^2。其中，内蒙古中东部、黑龙江东部、河北北部、陕西北部、新疆北部和东部、青藏高原和云贵高原的山脊地区等地超过300W/m^2。我国其他地区年平均风功率密度低于200W/m^2，其中，中部和东部平原地区及新疆的盆地区域低于150W/m^2。

与近10年相比，新疆北部、青海中西部、陕西南部、西藏东北部、云南南部、河北大部、山东北部和东部、江苏大部、浙江北部、广东中西部、海南大部等地年平均风功率密度偏小，其中，江苏南部、浙江北部及海南北部等地年平均风功率密度明显偏小。新疆南部、内蒙古中西部、四川大部、云南东北部、贵州东部、辽宁大部、山西大部、浙江中部、湖南北部和西部、广西北部等地年平均风功率密度偏大，其中，辽宁东北部、云南东北部、广西西北部等地年平均风功率密度明显偏大。其他地区年平均风功率密度接近正常。

2023年，各省（自治区、市）70m高度年平均风速在3.8～6.3m/s之间，其中，内蒙古、辽宁、黑龙江、吉林4个省（自治区）年平均风速超过6.0m/s。各省（自治区、市）70m高度年平均风功率密度在81.8～286.8W/m^{2}之间，其中，辽宁、内蒙古、吉林、黑龙江、新疆、甘肃6个省（自治区）年平均风功率密度超过200W/m^2。部分省（自治区、市）2023年70m高度年平均风速与平均风功率密度具体数值见表3-3和图3-3。

表3-3　部分省（自治区、市）2023年70m高度年平均风速与平均风功率密度

项目	平均风速/(m/s)	平均风功率密度/(W/m^2)
北京	4.86	179.13
天津	4.70	124.78
河北	5.05	167.26

续表

项目	平均风速/(m/s)	平均风功率密度/(W/m²)
山西	4.99	153.45
内蒙古	6.48	285.78
黑龙江	6.09	240.18
吉林	6.08	254.74
辽宁	6.24	286.76
上海	4.26	93.18
江苏	4.84	122.10
浙江	4.03	90.41
安徽	4.65	122.91
福建	4.28	97.05
江西	4.47	114.79
山东	5.23	156.65
河南	4.44	113.29
湖北	4.13	95.09
湖南	4.62	133.01
广东	5.15	161.23
广西	5.23	175.99
海南	5.58	192.89
重庆	3.85	81.79
四川	4.91	141.22
贵州	5.06	156.76
云南	4.17	92.69
西藏	5.49	173.60
陕西	4.56	121.82
甘肃	5.47	203.35
青海	5.84	198.72
宁夏	5.09	165.69
新疆	5.34	215.34

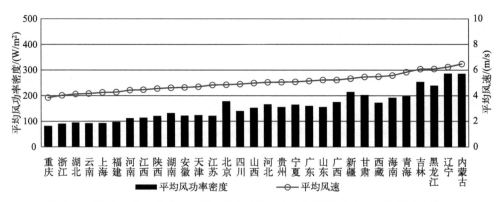

图 3-3　2023 年部分省（自治区、市）70m 高度年平均风速与平均风功率密度

与近 10 年相比，2023 年多数省（自治区、市）年平均风速接近平均值，上海、江苏、海南、青海、河北 5 个省（市）偏小，辽宁、四川、山西 3 个省偏大。2023 年多数省（自治区、市）年平均风功率密度接近平均值，上海、江苏、海南 3 个省（市）偏小，辽宁、四川、山西 3 个省偏大，见图 3-4。

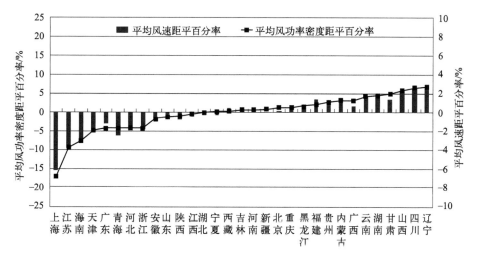

图 3-4　2023 年部分省（自治区、市）70m 高度年平均风速与年平均风功率密度距平百分率

与 2022 年相比，2023 年重庆、湖北、江西、吉林 4 个省（市）年平均风速减小，云南、辽宁、贵州、山东、甘肃、北京、新疆、河北、宁夏、西藏 10 个省（自治区、市）年平均风速增大，其中，云南增大比较明显；其他省（自治区、市）70m 高度年平均风速与 2022 年接近。2023 年重庆、湖北、江西、吉林 4 个省（市）年平均风功率密度减小，云南、辽宁、贵州、山东、甘肃、北京、新疆、河北、宁夏、西藏、陕西 11 个省（自治区、市）年平均风功率密度增大，其中云南、辽宁增大比较明显；其他省（自治区、市）与 2022 年接近，见图 3-5。

2023 年，全国 100m 高度年平均风速约 5.7m/s。可以看到，湖北、江西、吉林等省份的年平均风速和风功率密度变化百分率差值呈负值，表明这些地区的风速和风功率密度在 2023 年有所下降。而在西北和华北地区（如内蒙古、宁夏、新疆等自治区），风速和风功率密度的变化百分率差值为正值，尤其是内蒙古自治区和新疆维吾尔自治区的增长显著，显示这些地区风能资源在 2023 年有所增加。这反映出全国各地区风资源的变化趋势，其中西北部地区的风资源有所增强，而东部和南部部分地区有所减弱。

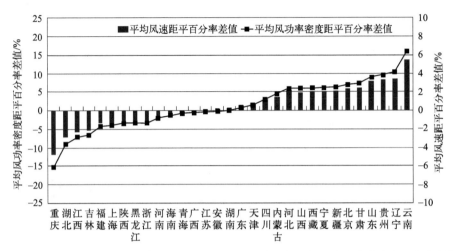

图 3-5 部分省（自治区、市）70m 高度年平均风速与年平均风功率密度变化百分率差值

与近 10 年相比，湖北和江西等省份的风功率密度变化百分率差值较大，分别下降了近 20% 和 15%，显示这些地区风资源的明显减弱趋势，可能影响当地风能开发的可持续性。而在西北和华北地区，如内蒙古、宁夏、新疆等自治区，风功率密度变化百分率差值则为正值，特别是内蒙古自治区和宁夏回族自治区变化率高达 6% 和 5%，表明这些地区风资源增强。这些变化反映出我国风能资源在不同地区的动态变化及其开发潜力的区域性分布，提示未来需更为精准地规划风能资源的利用和开发策略。其他地区年平均风速接近正常。

2023 年，全国 100m 高度年平均风功率密度约 228.9W/m²。从空间分布看，内蒙古中东部、辽宁西部、黑龙江西部和东部、吉林西部、河北北部、山西北部、新疆北部和东部的部分地区、青藏高原大部、云贵高原的山脊地区、福建东部沿海等地年平均风功率密度一般超过 300W/m²。除了华东中部和西部、四川盆地、陕西南部、云南西南部、西藏东南部、新疆南疆盆地等地的部分地区年平均风功率密度小于 150W/m²，其余我国大部分年平均风功率密度一般都超过 150W/m²。

2023 年，部分省（区、市）100m 高度年平均风速在 4.2~7.0m/s 之间，有 22 个省（区、市）年平均风速超过 5.0m/s，其中内蒙古、辽宁、黑龙江、吉林、青海 5 个省（自治区）年平均风速超过 6.0m/s。各省（自治区、市）100m 高度年平均风功率密度在 100.6~358.5W/m² 之间，有 22 个省（自治区、市）年平均风功率密度超过 150W/m²，其中，12 个省（自治区、市）年平均风功率密度超过 200W/m²，辽宁、内蒙古、吉林、黑龙江 4 个省（自治区）年平均风功率密度超过 $300W/m^2$。部分省（自治区、市）2023 年 100m 高度年平均风速与平均风功率密度具体数值见表 3-4。

表 3-4 部分省（自治区、市）2023 年 100m 高度年平均风速与平均风功率密度

项目	平均风速/(m/s)	平均风功率密度/(W/m²)
北京	5.17	213.09
天津	5.13	168.41
河北	5.41	202.98
山西	5.31	181.72
内蒙古	6.96	347.99
黑龙江	6.66	311.66
吉林	6.63	328.73
辽宁	6.75	358.50
上海	4.63	115.80
江苏	5.29	160.42
浙江	4.35	110.04
安徽	5.06	156.96
福建	4.67	121.98
江西	4.87	145.25
山东	5.72	207.13
河南	4.79	140.81
湖北	4.45	118.03
湖南	5.01	165.59
广东	5.52	192.48
广西	5.61	208.38
海南	5.80	215.89
重庆	4.15	100.62
四川	5.16	159.15
贵州	5.45	191.17
云南	4.34	101.89
西藏	5.72	197.70
陕西	4.88	148.27
甘肃	5.71	228.69
青海	6.22	234.53
宁夏	5.41	195.43
新疆	5.49	241.83

② 太阳能。我国属太阳能资源丰富的国家之一。2023 年，全国太阳能资源总体为偏小年景，如图 3-6 所示。全国平均年水平面总辐照量约 $1496.1kW \cdot h/m^2$，较近 30 年（1993～2022 年，下同）平均值偏小 $23.6kW \cdot h/m^2$，较近 10 年平均

值偏小 19.0kW·h/m²。较 2022 年偏小 67.3kW·h/m²。

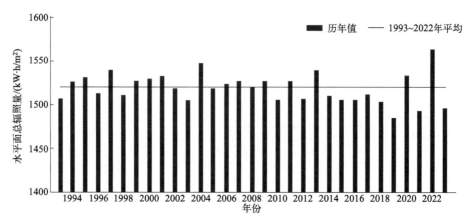

图 3-6　全国平均年水平面总辐照量年际变化

我国太阳能资源地区性差异较大，呈现西部地区大于中东部地区，高原、少雨干燥地区大，平原、多雨高湿地区小的特点。根据我国太阳能资源总量等级划分标准，2023 年，西藏大部、青海中北部、四川西部等地年水平面总辐照量超过 1750kW·h/m²，为太阳能资源最丰富区；新疆大部、内蒙古大部、西北地区中西部、华北大部、西南地区西部等地年水平面总辐照量超过 1400～1750kW·h/m²，为太阳能资源很丰富区；东北东部、西北地区东部、华中中东部、华东大部、华南等地年水平面总辐照量超过 1050～1400kW·h/m²，为太阳能资源丰富区；西南地区中东部、华中西部等地年水平面总辐照量小于 1050kW·h/m²，为太阳能资源一般区。部分省（自治区、市）2023 年水平面总辐照量具体数值见表 3-5。

表 3-5　部分省（自治区、市）2023 年水平面总辐照量

序号	名称	水平面总辐照量/(kW·h/m²)
1	北京	1429.9
2	天津	1483.0
3	河北	1466.4
4	山西	1463.5
5	内蒙古	1538.8
6	黑龙江	1255.9
7	吉林	1324.4
8	辽宁	1378.2
9	上海	1240.4
10	江苏	1335.4

续表

序号	名称	水平面总辐照量/(kW·h/m²)
11	浙江	1275.4
12	安徽	1291.2
13	福建	1361.3
14	江西	1220.7
15	山东	1421.6
16	河南	1323.9
17	湖北	1161.9
18	湖南	1099.9
19	广东	1280.1
20	广西	1234.5
21	海南	1442.1
22	重庆	1032.3
23	四川	1408.9
24	贵州	1178.9
25	云南	1497.5
26	西藏	1799.5
27	陕西	1341.4
28	甘肃	1592.5
29	青海	1712.8
30	宁夏	1527.5
31	新疆	1579.9

全国年水平面总辐照量距平分布有地区性差异，总体来看，西部和东北地区较常年偏小，东部大部地区较常年偏大。

与近30年水平面总辐照量平均值相比，2023年新疆北部和南部、西藏大部、西北地区大部、内蒙古中东部、东北地区大部、西南地区西部和南部、华南南部等地偏小；新疆北部和南部、西藏中部和东部、青海南部、宁夏、内蒙古东部、黑龙江、四川西北部、云南西部和南部、广西南部等地明显偏小。

西北地区东南部、华北大部、华中大部、华东大部、西南地区中东部、华南北部等地偏大；河北中南部、山西中部、河南东部、甘肃南部、陕西南部、四川东部、重庆南部、贵州大部、浙江东部、福建中部、广西北部等地明显偏大；河北中南部、河南东部、甘肃南部、四川东部、陕西南部、贵州、广西北部等地异常偏大。

从各省（自治区、市）分布来看，甘肃、辽宁、云南、湖北、湖南、江西、陕西、浙江、四川、广东、北京、江苏12个省（市）年水平面总辐照量与近30年均值较接近。宁夏、青海、海南、黑龙江、上海、西藏、内蒙古、吉林、新疆9个省（自治区、市）年水平面总辐照量偏小20kW·h/m²以上；河北、广西、山西、安徽、山东、重庆、河南、福建、天津、贵州10个省（市）年水平面总辐照量偏大20kW·h/m²以上，如图3-7所示。

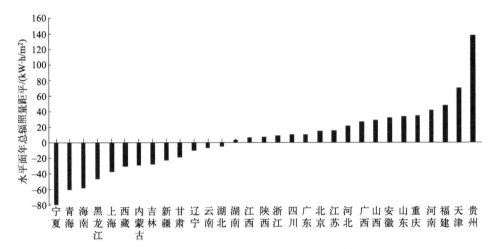

图3-7 2023年部分省（自治区、市）年水平面总辐照量距平

固定式光伏发电可利用的太阳能资源是光伏组件按照最佳倾角放置时能够接受的太阳总辐照量（简称"最佳斜面总辐照量"）。2023年，全国平均年最佳斜面总辐照量为1740.4kW·h/m²，较近30年平均值偏小36.3kW·h/m²，较近10年平均值偏小30.2kW·h/m²，较2022年偏小75.4kW·h/m²；2023年全国平均的固定式光伏电站首年利用小时数为1392.3h，较近30年平均值偏小29.0h，较近10年平均值偏小24.2h，较2022年偏小60.3h。

全国年最佳斜面总辐照量及光伏发电首年利用小时数空间分布，总体上呈现西部地区大于中东部地区，高原、少雨干燥地区大，平原、多雨高湿地区小的特点。2023年，除四川东部、重庆、贵州北部、湖南西部、湖北西南部等地外，我国大部分地区最佳斜面总辐照量超过1100kW·h/m²，首年利用小时数在900h以上，其中，新疆、内蒙古、西北地区中西部、华北北部、西藏、西南地区西部等地最佳斜面总辐照量超过1800kW·h/m²，首年利用小时数在1400h以上；四川东部、重庆、贵州北部、湖南西部、湖北西南部等地最佳斜面总辐照量在1100kW·h/m²以下，首年利用小时数一般低于900h。部分省（自治区、市）2023年固定式光伏发电最佳斜面年总辐照量具体数值见表3-6。

表3-6 部分省（自治区、市）2023年固定式光伏发电最佳斜面总辐照量

序号	名称	最佳斜面总辐照量/(kW·h/m^2)
1	北京	1719.3
2	天津	1769.8
3	河北	1762.0
4	山西	1732.6
5	内蒙古	1989.6
6	黑龙江	1667.1
7	吉林	1660.7
8	辽宁	1672.7
9	上海	1346.2
10	江苏	1481.1
11	浙江	1356.5
12	安徽	1408.4
13	福建	1415.0
14	江西	1274.5
15	山东	1614.3
16	河南	1448.5
17	湖北	1215.3
18	湖南	1128.7
19	广东	1315.8
20	广西	1255.0
21	海南	1439.6
22	重庆	1031.9
23	四川	1519.6
24	贵州	1205.0
25	云南	1611.5
26	西藏	1933.8
27	陕西	1495.8
28	甘肃	1904.5
29	青海	2016.1
30	宁夏	1772.0
31	新疆	1891.9

全国最佳斜面总辐照量距平分布有地区性差异，总体来看，西部地区较常年偏小，东部大部地区较常年偏大。2023年部分省（自治区、市）固定式光伏发电量最佳斜面年总辐照量距平如图3-8所示。

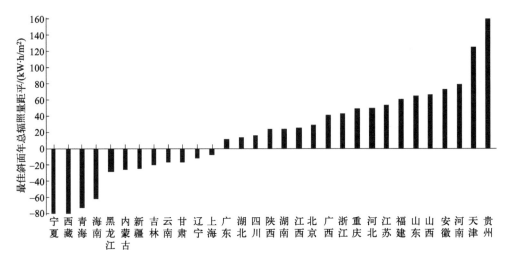

图3-8　2023年部分省（自治区、市）固定式光伏发电最佳斜面年总辐照量距平

吉林、云南、甘肃、辽宁、上海、广东、湖北、四川8个省（市）最佳斜面总辐照量接近于近30年平均值。宁夏、西藏、青海、海南、黑龙江、内蒙古、新疆7个省（自治区）偏小$20kW·h/m^2$以上，陕西、湖南、江西、北京、广西、浙江、重庆、河北、江苏、福建、山东、山西、安徽、河南、天津、贵州16个省（市）偏大$20kW·h/m^2$以上。

③水能。我国水能资源丰富，理论蕴藏量6.94亿千瓦，年理论发电量为6.08万亿千瓦时；技术可开发装机容量为5.42亿千瓦，技术可开发年发电量为2.47万亿千瓦时；经济可开发装机容量为4.02亿千瓦，经济可开发年发电量为1.75万亿千瓦时，居世界首位。我国的水资源分布不均衡，表现为南方多、北方少，东部多、西部少，山区多、平原少的特征；同时，我国的水能资源分布也存在不均衡的问题，西南部多，但东部、中部和东北部少。

2023年全国水力发电装机容量达42154万千瓦，同比增长1.8%，分别占全国累计发电装机容量（291965万千瓦）的14.4%，占全国非化石能源发电装机容量（152933万千瓦）的27.5%。近年来看，全国水力发电装机容量整体呈增长趋势，如图3-9所示。

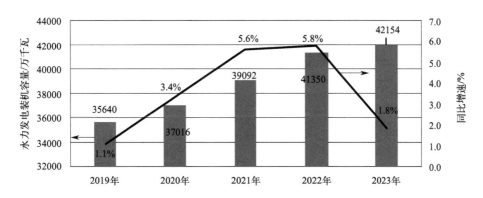

图 3-9 2019~2023 年全国水力发电装机容量及同比增速

从发电装机容量分类型看，2023 年全国水力发电装机容量达 42154 万千瓦，其中，抽水蓄能 5096.4 万千瓦，同比增长 4.1%，占总水电装机容量的比重为 12.09%，如图 3-10 所示。

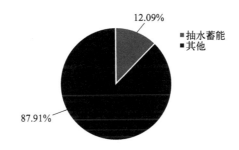

图 3-10 2023 年我国水力发电装机容量结构占比

2023 年，我国规模以上水力发电量下降至 11408.9 亿千瓦时，同比下降 5.6%，近 5 年我国规模以上水力发电量整体呈先升后降再升再降趋势，如图 3-11 所示。

水电开发为实现我国 2023 年非化石能源发展目标发挥了有力支撑作用，为促进国民经济和社会可持续发展提供了重要能源保障。

3.1.2 我国省域能源消费发展现状

我国能源增产保供成效明显，2022 年一次能源生产总量为 46.6 亿吨标准

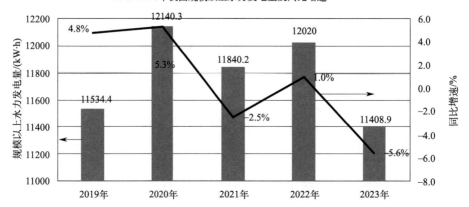

图 3-11 2019~2023 年我国规模以上水力发电量及同比增速

煤,比上年增长 9.2%,见图 3-12。2022 年原煤生产比重为 67.4%,为 12 年以来首次回升,较上一年回升 0.7 个百分点,石油占 6.3%,天然气占 5.9%,水电、核电等非化石能源占 20.4%。2022 年能源消费总量为 54.1 亿吨标准煤,增长 2.9%,能源自给率为 86.1%。

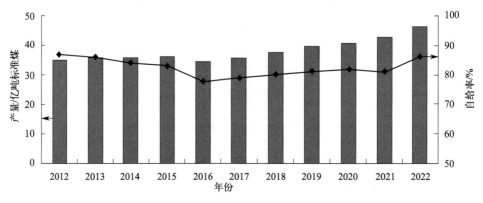

图 3-12 中国一次能源生产情况

中国能源消费结构持续优化。2022 年,煤炭消费占一次能源消费总量的比重为 56.2%,石油占比 17.9%,天然气占比 8.4%,水电、核电、风电、太阳能发电等非化石能源占比 17.5%,如图 3-13 所示。

与十年前相比,煤炭消费占能源消费比重下降了 12.3%,水电、核电、风电、太阳能发电等非化石能源比重提高了 7.8%,如图 3-14 所示。

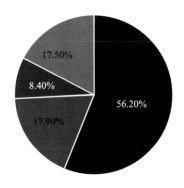

■ 煤炭　■ 石油　■ 天然气　■ 水电、核电、风电、太阳能发电等非化石能源

图 3-13　2022 年我国能源消费结构

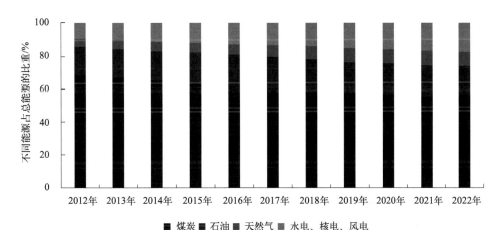

■ 煤炭　■ 石油　■ 天然气　■ 水电、核电、风电

图 3-14　中国一次能源消费结构变化

近年来煤炭消费比重已经逐年下降，2022 年我国煤炭消费量为 30.4 亿吨标准煤，但与世界煤炭在一次能源消费中 27.21% 的平均水平相比，我国仍然过度依赖煤炭，石油和天然气支柱作用不足，核能发展相对滞后，可再生能源发展态势较好，高于世界平均水平。

国家能源局发布数据显示，近年来风电、太阳能发电等新能源发展势头强劲。截至 2023 年底，全国累计发电装机容量约 29.2 亿千瓦，同比增长 13.9%。其中，太阳能发电装机容量约 6.1 亿千瓦，同比增长 55.2%；风电装机容量约 4.4 亿千瓦，同比增长 20.7%。非化石能源装机容量 15.3 亿千瓦，同比增长 24.6%，占总装机容量的 52.4%，占比同比提高 9.4%。分类型看，水电 4.2 亿千瓦（含抽水蓄能 3639 万千瓦），同比增长 1.8%，占全国发电装机容量的 14.4%；火电 13.9 亿千瓦，同比增长 4.1%，占全国发电装机容量的 47.6%；核电 5691 万千瓦，同比增长 2.4%，占全国发电装机容量的 1.9%；并网风电 4.4 亿千瓦，同比增长 20.7%，占全国发电装机容量的 15.1%。截至 2024 年 5 月底，全国累计发电装机容量约 30.4 亿千瓦，同比增长 14.1%。其中，太阳能发电装机容量约 6.9 亿千瓦，同比增长 52.2%；风电装机容量约 4.6 亿千瓦，同比增长 20.5%。新能源开发建设成本不断下降，风电、光伏发电已全面进入平价无补贴、市场化发展的新阶段。

总体来讲，我国近几年来能源消费量增速较大，能源生产量不能满足能源需求量，需要大量进口以满足内需。在能源消费结构方面，我国的能源消费主要依赖于煤炭，短期内不会改变，但我国在努力优化能源消费结构。在不同行业的能源消费中，工业一直在能源消费总量中占有较大比重，但这一比重正在减小，其他行业的比重在提高。

3.2 我国省域能源产业构成现状

3.2.1 我国省域产业结构发展现状

截至 2023 年，我国的第二产业占比 38.3%，接近 40%，说明我国的经济发展仍呈现出对其较大的依赖性，但是自 2012 年以来，我国的产业结构已经有较为明显的改善，第三产业占比稳步提升，GDP 也显著提高。

如图 3-15 所示，2023 年 GDP（国内生产总值）约为 126.1 万亿元，较去年增长 4.6%。第一产业占比 7.1%，第二产业占 38.3%，第三产业占 54.6%。从 2004 年到 2023 年，我国第一产业占国内生产总值比重下降了 5.8%，第二产业比重下降了 7.6%，第三产业比重从 41.2% 缓慢攀升至 54.6%，产业结构有了明显的改善。对于整个国家而言，在大体趋势上随着时间的推移，20 年间第一、二、三产业占 GDP 的比重都在逐年调整，伴随着第一、二产业的缓慢下降和第三产业的稳步提升。从数据来看，新兴产业成长势头迅猛，然而煤炭仍然占据能源消费的主导地位，这表明清洁能源转型仍有加强的空间。

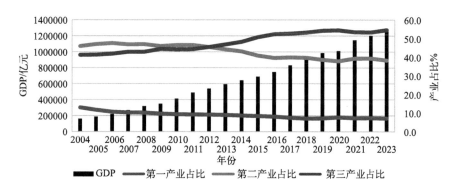

图 3-15 2004~2023 年我国产业结构变化

从第三产业占比来看，相比发达国家，我国的整体三产占比仍有差距，但我国部分省的三产占比已经超越发达国家平均水平。

图 3-16 显示：2023 年达到发达国家水平的有北京和上海两大直辖市。除京沪之外，第三产业比重超过全国平均水平（54.6%）的还有 5 个省（自治区、市），依次是广东、浙江、湖北、天津和海南。相对的，还有 8 个省（自治区、市）的第三产业比重低于 50%，说明产业结构还有待加快优化，分别是福建、陕西、江西、陕西、内蒙古、新疆、宁夏和青海。从第二产业占比来看，超全国平均水平（38.3%）的省（自治区、市）共有 15 个。其中，山西位列第二产业占比排行中的第一。除山西外，第二产业占比处于较高水平的还有：广东、江苏、山东、浙江、福建、安徽、陕西、江西、重庆、辽宁、内蒙古、新疆、宁夏和青海等 14 省（自治区、市），其第二产业占比均在 38.3%以上。相对也有 2 个省（自治区、市）的第二产业比例低于 20%，分别是北京和海南，原因是第三产业比例分别达到了 84.9%和 60.9%。从第一产业占比来看，黑龙江占比达到 22.2%，其次是海南占比也达到了 20.0%。相对的有 6 个省（自治区、市）第一产业比重已低于 5%，分别是广东、江苏、浙江、上海、北京和天津。总体来看，目前在我国大部分省（自治区、市）的年生产总值中，由于第二、三产业所创造的经济效益无法满足目前各省份发展的需求，因此第一产业仍是经济产收的主要来源，发挥着重要的支撑作用。而这种比例虽然短期内不会改变，但我国正在积极促进各地区产业结构的优化与调整，整体形势稳中向好。这表明我国正努力朝着更加多元化的产业、更加具有高附加值的新兴领域积极转型。

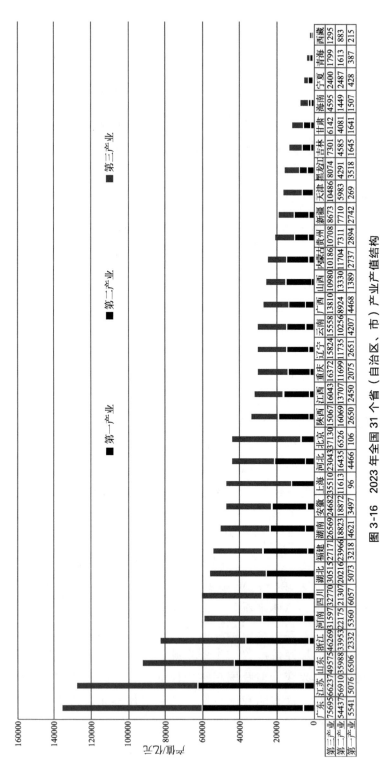

图 3-16 2023 年全国 31 个省（自治区、市）产业产值结构

3.2.2 我国省域能源效率发展现状

能源毫无疑问是人类现代文明的基石，是推动工业化和科技进步不可替代的力量。纵观历史，一个国家的能源开采技术和利用手段反映了其在不同发展时期的科技与经济实力。然而，一个国家只有意识到提高能源效率才是关键点，才能在全球范围内谱写有效能源部署、确保可持续繁荣和促进创新的篇章。

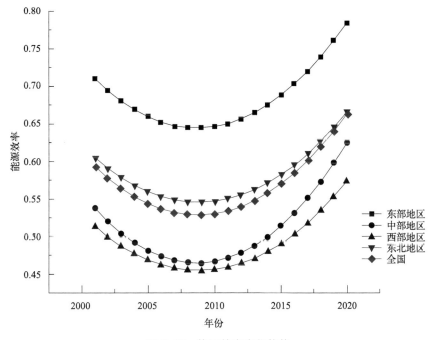

图 3-17 能源效率变化趋势

图 3-17 中提供的数据显示，中国的能源效率有明显的波动趋势，其特征是先下降后上升，而后改善速度超过最初的下降速度。从地理上来看，能源效率值的分布表现为东部占主导地位，东部和东北部地区超过全国平均水平，中西部地区落后，这种差距根源于历史上的经济与工业发展模式。地处内陆较深的中西部地区传统上依赖重工业，造成工业和能源结构不平衡，这些因素在很大程度上阻碍了能源效率的提高。随着"西部大开发""中国中部崛起"等战略的实施，以及"一带一路"倡议的不断扩大，中西部地区的能源效率有所提高。然而，技术和能源经济发展之间缺乏充分的一体化，新兴产业增长缓慢，

环境污染仍然是亟待解决的问题，使其综合能源效率仍然低于预期。因此，中国的四个主要经济区的能源效率差异仍然十分明显。当务之急是弥补这些差异，以实现更加平衡的国家能源效率格局，那么协调一致的努力和政策举措对于缩小这些差距和促进更加统一、高效和可持续的能源环境就显得至关重要。

表3-7 全要素能源效率水平

项目	2012年	2013年	2014年	2015年	2016年	2017年	2018年	2019年	2020年	2021年	均值
北京	1.00	1.00	1.00	1.00	1.00	1.00	1.00	1.00	1.00	1.00	1.00
天津	1.00	1.00	1.00	1.00	1.00	1.00	0.76	0.53	1.00	1.00	0.93
河北	0.23	0.22	0.22	0.21	0.20	0.18	0.17	0.15	0.14	0.14	0.19
山西	0.14	0.13	0.14	0.15	0.15	0.14	0.14	0.13	0.13	0.13	0.14
内蒙古	0.20	0.20	0.20	0.19	0.18	0.15	0.14	0.12	0.11	0.10	0.16
黑龙江	0.21	0.21	0.22	0.26	0.26	0.22	0.25	0.22	0.22	0.22	0.23
吉林	0.42	0.43	0.44	0.57	0.57	0.55	0.53	0.44	0.42	0.44	0.48
辽宁	0.33	0.32	0.31	0.26	0.20	0.19	0.19	0.16	0.15	0.15	0.23
上海	1.00	1.00	1.00	1.00	1.00	1.00	1.00	1.00	1.00	1.00	1.00
江苏	1.00	1.00	1.00	1.00	1.00	1.00	1.00	1.00	1.00	1.00	1.00
浙江	0.96	0.88	0.90	0.86	1.00	1.00	1.00	1.00	1.00	1.00	0.96
安徽	0.47	0.43	0.43	0.46	0.45	0.46	0.43	0.44	0.37	0.38	0.43
福建	0.68	0.62	0.62	0.65	0.64	0.62	0.61	0.60	0.57	0.51	0.61
江西	0.51	0.47	0.46	0.43	0.42	0.41	0.40	0.39	0.37	0.37	0.42
山东	0.58	0.62	0.61	0.65	0.64	0.62	0.58	0.45	0.42	0.41	0.56
河南	0.33	0.32	0.32	0.38	0.37	0.35	0.32	0.32	0.29	0.27	0.33
湖北	0.34	0.35	0.35	0.38	0.37	0.36	0.36	0.35	0.33	0.31	0.35
湖南	0.31	0.33	0.33	0.34	0.33	0.33	0.32	0.30	0.28	0.28	0.31
广东	1.00	1.00	1.00	1.00	1.00	1.00	1.00	1.00	1.00	1.00	1.00
广西	0.35	0.34	0.33	0.34	0.33	0.31	0.31	0.29	0.26	0.25	0.31
海南	1.00	1.00	1.00	1.00	1.00	1.00	1.00	1.00	1.00	1.00	1.00
重庆	0.42	0.46	0.46	0.56	0.56	0.55	0.53	0.52	0.50	0.58	0.51
四川	0.33	0.32	0.32	0.37	0.32	0.32	0.31	0.30	0.27	0.26	0.31
贵州	0.25	0.26	0.25	0.27	0.27	0.28	0.29	0.28	0.27	0.27	0.27
云南	0.29	0.30	0.30	0.31	0.30	0.30	0.30	0.31	0.27	0.27	0.30
陕西	0.31	0.31	0.30	0.30	0.29	0.28	0.28	0.26	0.253	0.24	0.29
甘肃	0.27	0.26	0.27	0.28	0.29	0.28	0.28	0.29	0.28	0.29	0.28
青海	1.00	1.00	1.00	1.00	1.00	1.00	1.00	1.00	1.00	1.00	1.00
宁夏	1.00	1.00	1.00	1.00	1.00	1.00	1.00	1.00	1.00	1.00	1.00
新疆	0.15	0.13	0.13	0.14	0.13	0.13	0.13	0.13	0.13	0.13	0.13
均值	0.53	0.53	0.53	0.54	0.54	0.53	0.52	0.50	0.51	0.50	0.52

表 3-7 表明中国大多数省（自治区、市）的年平均全要素能源效率低于全国平均水平，各省之间的效率水平差异显著。2012 年以来中国的全要素能源效率均值呈先上升后下降随后平稳趋势，2012～2015 年呈上升趋势，随后下滑并趋于平稳。总体来看 2012～2021 年中国全要素能源效率较低，只有 0.52，提升空间较大。从各个省（自治区、市）看，省（自治区、市）之间的全要素能源效率差异较大。全要素能源效率高的省（自治区、市）分为如下两类。

① 经济发达、产业结构高级、技术先进和管理水平较高的沿海地区，如北京、上海、江苏等，始终位于技术前沿面。

② 非期望产出少的地区，如海南、青海。河北、山西、内蒙古、黑龙江、吉林、辽宁、安徽、福建、江西、山东、河南、湖北、湖南、广西、四川、云南、陕西、新疆等 18 个省（自治区、市）的全要素能源效率低于全国平均水平。全要素能源效率较低的省（自治区、市）大部分位于中、西部区域，这些省（自治区、市）经济发展相对落后，部分省（自治区、市）的重化工业未完成转型，经济发展严重依赖资源，产业结构不合理，技术水平低和管理相对落后，经济发展模式仍属于粗放型。

本章为我国能源政策的制定和能源产业的发展提供了重要的数据支持和分析依据。同时提出，为了实现"双碳"战略目标，中国需要加快能源转型，推动能源供应和消费系统的变革，具体措施包括：平衡安全与低碳，实现多能协同互补，优化能源消费结构，调整能源系统和网络，以及推进市场化改革。通过数据和分析显示，中国已经在能源结构的优化和新能源的发展上取得了一定的进展，但仍需进一步加强清洁能源转型，提高能源效率，特别是中西部地区的能源效率。此外，产业结构调整也是实现"双碳"目标的关键，中国正在积极向更加多元化、高附加值的新兴领域转型。总体来看，中国在能源转型和"双碳"目标的实现上已经迈出了坚实的步伐，但仍面临诸多挑战，需要进一步加强政策支持和科技创新。

第 4 章

"双碳"目标下省域
低碳经济生态体系
模型构建

低碳经济评价指标体系是低碳经济发展的标尺,将生态体系模型方法用于评估我国低碳经济生态体系,能够对在低碳经济发展的不同阶段对自身存在的主要问题以及发展的实际成果进行准确判断,并对其改进提供更精准的指导方向,从而提升下一阶段低碳经济发展方面的政策水平。

低碳经济并不是一个单独的概念,而是综合了经济、能源、环境等元素为一体的一种意识形态,与其社会发展阶段、技术水平、资源禀赋、消费模式等驱动因素密切相关。本书基于全面性原则、有效性原则、独立性原则和动态性原则,构建了我国省域低碳经济体系模型,基于生态学思想,结合低碳经济关键要素,建立了由低碳经济发展子系统、能源供给与消耗子系统、碳排放子系统、碳汇能力子系统、碳减排子系统五个维度的低碳经济生态体系的系统模型。

4.1 低碳经济发展子系统

4.1.1 影响因素分析

1997年《京都议定书》里提到降低化石能源的消耗比重,高效和节约利用化石能源、实现能源结构的低碳化,增加清洁能源、低碳能源和无碳能源的利用规模等是发达国家加速推进向低碳经济发展的重要举措。围绕低碳经济发展子系统,以下梳理相关学者的观点。

Kinzig A P 和 Kammen D M 从全球层面探讨了向低碳经济的过渡,目标是使空气中的 CO_2 保持或者低于工业化前一倍的水平,主要的措施如下。

① 在前期,通过提供政治和经济优惠促进项目中低成本碳排放的实现;

② 在近期和中期,解决各国由于不平等造成的温室气体的历史失衡问题,并促进节能减排有效途径的研究;

③ 在长期,在各国权利平等的基础上,利用大气服务,追求一种低碳经济下合理生活的方式。

2003年英国能源白皮书《我们能源的未来:创建低碳经济》从能源结构入手,通过英国能源政策的调整来推动低碳经济的发展。

① 优化能源结构。大力发展可再生能源,进一步降低化石能源消耗量,

并寄希望于"可控核聚变"技术突破，以获得更多的清洁能源和无碳能源。

② 调整能源政策。英国准备征收气候变化税和能源产品税，以促使从事化石能源开发和使用的公司改善能源利用效率，从而减少温室气体的排放。

③ 强调科技创新，发展低碳能源技术。英国计划在新的国家能源研究中心设立研究局，开展可再生能源、节能新技术等低碳能源技术的基础研究和开发研究。希望在二氧化碳捕获与埋存等领域，开发出有效控制温室气体排放的新技术。

④ 全方位节能减碳。推动家庭节能减碳、推广节能灯、购买节能家电、推广混合燃料汽车。

江泽慧认为发展低碳经济不仅要从"碳源"（carbon source）上有效地遏制，减少"碳源"的排放，还应该在"碳汇"（carbon sink）上花力气、下功夫。"碳汇"则是指自然界中碳的寄存体，森林植被是地球上存在的巨大的碳汇，植树造林成为发展低碳经济的重要组成部分，成为生物固碳、扩大碳汇、减缓温室效应、减少二氧化碳排放最经济和最有效途径之一。

尼古拉斯·斯特恩等利用经济学的相关理论对全球气候变化的影响进行了分析，认为各国政府应通过相应方法尽早遏制全球气候变暖，在2050年世界经济规模扩大3~4倍的同时，温室气体排放应至少降低1/4；进而评估了气候变化对英国等国家经济的具体影响；2006年中国政府首次在国家"十一五"发展规划中提出了"节能减排"的约束性指标，规划指出大力发展循环经济，建设资源节约型和环境友好型社会是中国发展低碳经济的主要方针和政策。

普雷斯科特通过对英国经济和环境的评估认为，经济增长和碳减排并不冲突；气候变化不仅是环境问题，也是经济和政治问题；低碳经济的实现需要新的可持续的发展模式；而梅森纳分析了中国低碳经济实现的难点，认为其实现的重点在于政治和体制改革。

张愉、陈徐梅认为低碳经济是世界经济发展的大趋势，只有从根本上转变生产生活方式才能遏制生态环境的恶化，技术进步是发展低碳经济的关键；鲍健强、苗阳、陈锋认为构建利用太阳能、风能、生物质能、潮汐能、核能等低碳能源或无碳能源的基础设施，是影响低碳经济发展的重要因素；产业结构的调整是发展低碳经济的重要途径，发展具有低碳特征的产业，如IT产业（具有能耗低、污染小的特点），软件产业（是一种低耗能、零污染的低碳产业），现代服务业（也是一个能耗低、污染小、就业容量大的低碳产业）等，限制高碳产业的市场准入。

《2009中国可持续发展战略报告》指出,在2005年基础上,2020年能耗强度和二氧化碳排放强度分别降低40%～60%和50%左右,并将其作为我国低碳经济发展的目标;提出了节能减排战略,并在"十二五"规划纲要中明确了节能减排的具体目标,即"十二五"期间二氧化碳排放强度下降17%,能耗强度下降16%,二氧化碳、化学需要量、氮氧化物和氨氮等排放总量在"十一五"末基础上降低8%～10%,并将其列为具有法律约束力的约束性指标。

刘传江认为对于发展低碳经济路径的选择,应主要依靠技术进步和结构调整,重点是提高能源效率和构建清洁能源结构,手段是以市场化手段为主,以政府手段和道德手段为辅,加强技术创新和制度创新;段红霞认为在政策、技术、行动三个方面可以有效地影响低碳经济发展,政策上选择不同的减排限额或是温室气体控制目标,将气候保护目标和经济发展目标结合起来;技术上采取措施减少对电力的需求,节约能源和提高能源使用效率,开发和利用可再生能源和核能,发展碳捕获和封存低碳技术,减少森林砍伐等;行动上应该开始采取行动减缓温室气体的排放。

王锋等分析和评价了经济发展、人口增长、城镇化、工业化、能源结构调整、居民消费模式变化、能源技术进步和能源价格上涨8个因素对中国低碳经济发展的影响。

王韶华、范德成指出能源结构反映了能源投入的配置方式,能源结构的变动将通过改变能源效率影响能源投入,进而影响低碳经济的发展。根据有关专家分析,我国各能源品种利用效率由高到低分别为:电力、天然气、石油和煤炭,其中,煤炭的利用效率约为27%,石油、天然气和电力分别比煤炭高23%、30%和48%。因此,不同的配置形式即可形成相应的能源总体效率。

不少学者通过不同的模型和不同的变量来分析影响低碳经济发展的因素。Long等借助空间计量模型对经济发展水平、开放程度、技术进步等因素进行分析;Zhang等借助Tobit模型对经济发展水平、产业结构等因素进行分析。

Liu等借助空间计量模型对外资水平、政府干预等因素进行分析;张志雯和王子龙借助空间计量模型对产业结构等因素进行分析;邓靖借助空间计量模型对产业结构、政府干预等因素进行分析;于斌斌借助空间计量模型对经济发展水平、外资水平、政府干预等因素进行分析;李雪松借助Tobit模型对政府干预、开放程度等因素进行分析;Wang等借助空间计量模型对产业结构、对外开放等因素进行分析;Xin-gangand Fan借助空间计量模型对经济发展水平、外资水平等因素进行分析;Wang等借助空间计量模型对国内生产总值、产业结构等因素进行分析。学者们对于各变量的影响作用分析结果基本一致，认为经济发展水平、产业结构的积极调整、技术进步等因素都对低碳经济发展有积极作用。而外资水平、政府干预等变量会因数据选择、研究对象不同而产生不同结果。

王予波认为生态环境、人文素养、产业结构和社会经济发展这四方面是影响低碳经济发展的主要因素。

王向英和潘杰义采用三种评价方法组合评价了我国区域制造业的低碳经济发展水平，调整能源结构，优化产业结构方面可以有效促进制造业低碳经济发展；周灵认为低碳经济发展受社会发展阶段、技术水平、人们消费习惯和能源生产结构四个方面影响。

赵承辉从产业结构和地区经济发展情况对低碳经济影响因素进行分析，指出优化产业结构有利于降低碳排放量，促进低碳发展。

邓悦等研究了城市层面的农业低碳发展水平，研究发现碳生产水平对农业低碳经济发展水平影响最大。

武义青和姚连宵通过测算碳全要素生产率来评价京津冀地区的低碳发展水平，分析结果显示京津冀地区低碳发展水平差距较大，应从能源、产业、数字化角度推动低碳发展。

彭辉使用熵权-灰色关联法对低碳发展水平进行评价，发现能源结构、人均地区生产总值、森林覆盖率、每万人拥有公共交通车辆数权重值较大，对低碳发展水平的影响显著。

综合上述学者观点，经济发展、产业结构、技术进步、能源结构、政策引导、市场化手段、对外开放程度以及碳全要素生产率等多个方面，共同作用于低碳经济子系统的发展，相关要素对实现低碳经济发展具有正面的积极促进作用。

① 经济发展水平。多个学者通过研究认为，经济发展水平对低碳经济发展有积极作用。

② 产业结构调整。产业结构的优化有利于降低碳排放量，促进低碳发展。发展具有低碳特征的产业，如IT产业、软件产业、现代服务业等，限制高碳产业的市场准入，都有助于实现低碳经济发展。

③ 技术进步。技术进步在发展低碳经济中的关键作用。科技创新能够推动能源结构的调整，提高能源利用效率，开发和利用可再生能源和核能，从而减少温室气体的排放。

④ 能源结构调整。优化能源结构,通过替换传统化石燃料为可再生能源,不仅减少碳排放,还能提升经济的低碳发展潜力。这种转型有助于打造更加环保和可持续的能源系统。

⑤ 政策引导。政府政策对推动或阻碍低碳经济发展有直接影响。例如我国在"十一五"发展规划中提出的"节能减排"约束性指标,"十二五"规划纲要中明确的节能减排具体目标,都体现了政策对低碳经济发展的引导作用。

⑥ 市场化手段。发展低碳经济应主要依靠技术进步和结构调整,以市场化手段为主,政府手段和道德手段为辅。这表明市场化手段在推动低碳经济发展中起着重要作用。

⑦ 对外开放程度。通过空间计量模型对外资水平、政府干预等因素进行分析,表明对外开放程度对低碳经济发展有一定影响。

⑧ 碳全要素生产率。通过测算碳全要素生产率来评价低碳发展水平,这表明碳全要素生产率是评价和影响低碳经济发展的重要指标。

因此,本书结合"双碳"目标下我国的总体战略任务及省域发展低碳经济的具体措施,围绕经济发展子系统选取指标进行详细分解。

4.1.2 指标选取

低碳经济发展子系统包含地区生产总值增长率、R&D经费投入强度、第三产业增加值占地区生产总值的比重、城市居民恩格尔系数共四项指标。

一个地区的GDP增长率反映了该地区经济活动的增长率和经济发展状况。经济活动的增加通常伴随着能源消耗和二氧化碳排放的增加。因此,监测地区生产总值增长率可以初步了解经济发展对二氧化碳排放的潜在影响。低碳经济发展需要通过优化产业结构、提高能源利用效率来减少碳排放。地区GDP增长率的变化可以反映产业结构调整的有效性和经济转型的进展。例如,经济结构的调整可以用地区GDP增长率来部分衡量。

研究与试验发展经费(简称"R&D经费")是指以货币形式表现的、在报告年度内全社会实际用于研究与试验发展活动的经费总和,该经费是企业用于研究和试验发展的资金。研究表明,企业的低碳生产离不开技术创新能力的推动,高投入研发经费的企业更容易满足低碳生产对技术创新的需求,从而表现出强烈的低碳生产意愿,进而推动低碳经济的发展,降低碳排放总量。而规模以上工业企业低碳生产意愿普遍更为强烈,更适合作为低碳经济发展子系统的指标之一。

第三产业是一国经济发展的重要指标。决定一个城市的经济活力，当一个城市的第三产业占 GDP 比重越多，证明这个城市经济越发达。一般发达的城市体系，都是第三产业占 GDP 的比重高，第三产业占比越低，表明经济结构越不健康。

城市居民恩格尔系数反映了居民收入水平对应的消费习惯的变化，是衡量居民消费结构的重要指标之一。低碳经济注重资源的高效利用并减少二氧化碳的排放，而恩格尔系数的变化可以间接反映经济发展水平和产业结构的变化。在低碳经济发展背景下，可以通过恩格尔系数的变化来判断低碳技术和产品的市场接受程度，以及相关政策措施对居民消费行为的影响。

4.2 能源供给与消耗子系统

4.2.1 影响因素分析

（1）能源供给影响因素分析

相关学者的观点：赵丽霞和魏巍贤首次采用多变量自回归方法，将能源作为新的变量引入 Cobb-Douglas 生产函数，揭示了中国能源与经济增长之间的相关性，能源在中国经济发展过程中具有不可完全替代性的结论。

Toshihiko Nakata 认为只有在市场机制下能源供需价格相等时，能源供给量才能根据终端用能者的需求价格确定，因此能源供给应充分考虑国家能源政策、可再生能源系统以及与全球环境有关的各种问题。

Bretschger 通过分析认为，技术水平可以提供能源开发和利用效率，从而可能会从内部解决能源供给不足的问题；吴巧生等基于中国各省 1986～2005 年的面板数据研究发现，从长期来看，中国 GDP 与能源供给总量存在因果关系。

陈军等对 30 个省域工业化水平进行聚类分析的基础上，描述了工业化水平的区域差异，通过对煤炭、石油两类非可再生能源的供给在工业增长中的判别分析，探讨了区域工业化水平对能源供给水平的影响。

赵建安认为能源资源的天然储备量直接影响能源供给。郭菊娥等认为第二和第三产业对不同能源的需求量直接影响各类能源的供给水平。

Kj rstad 和 Johnsson 认为产业结构影响着煤炭资源的供给，他们指出产业结构因素将对煤炭供给带来巨大压力；Fergal 等通过对爱尔兰主要能源储量与供求趋势进行分析，明确指出了自然环境对于能源供给的影响；Fredrich 等指出适当降低第二产业的比重，增加第三产业的比重有利于调整紧张的能源供给，促进能源供给的低碳化发展。

Wonglimpiyarat 采用 Kuhn-Schumpeter 模型讨论技术进步对能源供给的影响，结果表明技术的创新将使生物质能有效替代高价的石油资源，降低石油的供应风险；邱立新通过对西北地区煤炭开发利用分析，指出虽然其煤炭资源较丰富，但是由于自然条件的影响，严重影响了煤炭的供给，进而指出自然环境影响能源供给；吴疆指出技术水平的进步是目前我国新能源发展的主要方向，技术水平影响新能源的供给。

梁广华强调不同的经济增长水平需要与其发展相适应的能源数量和种类，经济增长水平在一定程度上影响能源供给；原毅军等实证研究了技术进步对能源供给的影响主要体现在以下两方面：技术进步可有效提高能源的供给效率，解决能源供给率较低的问题；另外，技术进步将大力推进清洁能源和可再生能源对化石能源的有效替代，缓解化石能源供应不足的问题。

孟凡生等实证研究了能源资源禀赋、产业结构、经济增长水平、技术进步是影响能源供给的主要因素，并表明四个影响因素的影响程度依次为能源资源禀赋、经济增长水平、产业结构和技术进步。得出结论：我国应高度重视产业结构、技术进步和经济增长对我国能源供给的影响。

张倩倩等通过能源供给结构影响因素路径分析模型进行分析研究，发现 GDP 对能源供给结构存在显著的影响关系，并指出产业结构也是影响能源供给结构的重要因素。

白小静在改进的 STIRPAT 模型的基础上，认为人口规模和人均 GDP 是反映经济发展水平的重要指标，它们对能源消费量和能源供给都有直接影响；单位 GDP 能耗反映了经济结构和能源利用效率的变化，是衡量能源效率的重要指标，对能源供给有重要影响；火力发电贡献率反映了火力发电在总发电量中的比例，直接反映了煤炭等化石能源在能源供给中的地位。

（2）能源消耗影响因素分析

相关学者的观点：Hoesung Lee 等认为，通过减少能源消耗来降低碳排放的效果不明显的主要原因是经济增长对能源消耗的依赖性较强，因此应将重点转移到调整能源结构上来，即转变能源利用方式，寻求低碳能源等。

韩智勇、范英等通过对1998~2000年间中国工业数据分析。研究发现中国能源消耗下降主要动力来自于各产业能源强度的下降，其中，工业能源消耗的下降是整体能源消耗下降的主要原因。通过研究分析，工业能源强度是影响能源消耗的主要因素。

吴巧生通过对1980~2003年中国能源消耗以及各产业能源消耗分析，研究了经济产业结构变化对能源消耗的影响，结果显示中国能源消耗下降主要是各产业能源使用效率提高的结果，产业经济结构的调整对降低能源消耗强度的作用是负面的。

Alvydas Balezentis等运用立陶宛1995~2009年数据，研究了这段时间立陶宛能源消耗变化与能源强度关系进步，发现通过政府相关政策的实施有效地降低了能源消耗总量，认为能源强度直接影响能源消耗；魏艳旭、孙根年等依据我国1953~2009年统计数据，以单位产值能源消耗为研究指标，得出经济活动影响能源消耗；陈仲常和谢小丽就能源消耗变动趋势及影响因素，指出降低能源强度（提高全要素生产率和能源利用技术全要素生产率），提高能源利用技术不仅可以改进能源利用效率，还可以开发新能源，进而减少中国能源消耗总量，能源强度则是对于降低能源消耗总量最为行之有效的方法之一。

Zhanga.D等认为经济活动对于能源消耗的影响是正向的；Jyoti Parikh应用Lotka-volterra模型对人均GDP、能源消耗与碳排放量进行定量分析，研究表明碳排放量与能源消耗呈正相关；汤晓晶运用LMDI模型从国家宏观层面上分析，认为经济活动、经济结构和能源强度是影响能源消耗的关键因素。

张倩倩等认为能源供给结构、煤炭资源条件、碳排放约束、经济水平、科技水平和城镇化水平成为能源消耗的影响因素。

曹建飞等运用Super-SBM模型进行研究分析，得出工业产出对能源消耗有显著的正向影响，但不同行业间的能耗产出弹性差异较大；技术效率的提高对降低能源消耗有显著的促进作用。

张伟等比较不同产业发生转移对能源消耗影响的差异性，从区域整体、内部各区域两个层面分析产业转移对能源消耗的影响。

赵秋运等提出了一个新视角，即发展战略的扭曲程度（TCI指数）是影响能源消耗的一个根本性因素。发展战略的扭曲会导致产业结构偏离最优产业结构，进而影响能源消耗。

唐小焱认为原煤、焦炭、汽油、柴油、清洁煤、其他洗煤等化石燃料的消费量和交通运输业（尤其是公路运输）的柴油、汽油和航空燃油消费量是影响能源消耗关键因素。

综上所述，能源供给与消耗受到多种因素的影响，包括自然禀赋、经济水平、技术进步、政策环境以及市场机制等。这些因素相互作用，共同决定了能源市场的供需状况和能源利用效率。

能源供给须考虑的影响因素如下。

① 能源资源禀赋。能源资源的天然储备量是能源供给的基础，直接影响能源的供给水平。

② 经济增长水平。经济增长对能源的需求增加，从而影响能源供给。

③ 产业结构。高能耗产业比重影响能源需求，调整产业结构可减轻能源供给压力，并推动清洁能源发展。

④ 技术进步。技术水平的进步可以提高能源开发和利用效率，从而影响能源供给。

⑤ 国家能源政策。能源政策对能源供给有直接影响，包括能源开发、利用和保护的政策措施。

⑥ 可再生能源系统。可再生能源的发展和利用对能源供给结构有重要影响。

⑦ 全球环境问题。全球环境问题的关注使得能源供给需要考虑碳排放和环境影响。

能源消耗须考虑的影响因素如下。

① 经济增长。经济增长对能源消耗的依赖性较强，是影响能源消耗的关键因素。

② 能源强度。能源强度的下降是降低能源消耗的关键，反映能源利用效率的变化。

③ 产业结构变化。产业结构的调整对能源消耗有直接影响，尤其是工业能源强度的变化。

④ 政府政策。政府政策的实施，如能源效率标准和税收政策，可以影响能源消耗。

⑤ 发展战略。国家和地区的发展战略对于能源消耗具有重要的指导作用。

⑥ 经济活动。经济活动的强度和规模直接影响能源消耗总量。

⑦ 能源价格。能源价格的高低会影响消费者的能源选择和消耗量。

4.2.2 指标选取

根据以上相关要素分析，在能源供给与消耗子系统中，选取包含水力发电量、规模以上工业企业发电总量、规模以上工业企业焦炭产量共三项指标，来反映区域能源供给与消耗子系统的状态。

在与所有的清洁能源对比中，水电是目前第一大清洁能源，水不仅能排放极少的 CO_2，能源回报率高，而且技术最可行，是快速发展低碳经济、实现永续发展的首要选择。水力发电成本低、经济效益高，如果充分利用我国乌东德、向家坝、三峡和葛洲坝等电站，可满足 5400 万人的年用电需求，节省多达 1500 万吨煤炭。

一定规模以上工业企业发电总量直接反映了工业生产活动对电力的需求。工业部门往往是最大的能源消耗部门之一，工业企业在能源消费中所占比重最大，尤其是在工业高度发达的发达地区。同时，工业企业发电总量反映了城市的产业结构、生产规模以及技术发展水平。工业企业发电总量的变化可能不仅反映能源消费的绝对量，还可能反映当地产业结构调整和技术升级的影响。

焦炭工业是重污染行业，焦炭企业的生产模式是建立在资源消耗的基础上，在某种程度上属于落后产业经济模式，焦炭生产向环境排放的污染物具有排污环节多、强度大、种类繁杂、毒性大等特点。炼焦产生的环境污染会严重制约低碳经济的健康运行和可持续发展。焦炭生产量是焦炭企业一年内焦炭生产总量，其产量的多少也侧面反映着对环境的污染程度、对低碳经济发展的阻碍力度。

4.3 碳排放子系统

4.3.1 影响因素分析

相关学者的观点：Wang 等采用对数均值迪氏分解法（logarithmic mean

divisia index method，LMDI）对我国 1957～2000 年的 CO_2 排放进行了分解，结果表明代表技术因素的能源强度是减少碳排放最重要的因素，而能源结构也起到一定的作用，给经济增长带来碳排放的增加。

Soytas U，Sari R，Ewing T B 以美国为研究对象，利用 VAR 模型分析了能源消耗、经济增长与碳排放之间的关系，认为碳排放增长的主要成因是能源消耗而非经济增长，因此应该通过改变能源利用方式，提高能源效率来实现减排目标；徐国泉、刘则渊、姜照华等认为碳排放受能源结构、能源效率、能源碳排放系数、GDP 等因素的影响，进而利用对数平均权重 Divisia 分解法建立了分解模型，通过对 1995～2004 年的人均碳排放的实证分析发现，能源结构、能源效率是碳排放增长的抑制因素，而经济发展是碳排放增长的拉动因素。

Ma&Stern 对我国 1971～2003 年的 CO_2 排放也采用类似的方法进行了分解，其创新之处在于在能源结构中引进了生物质能，结果表明生物质能占比下降对碳排放减少产生了积极影响；Fan 等采用适应性加权迪氏分解法（adaptive weighting divisia，AWD）分解了 1980～2003 年碳排放强度（carbon intensity）的影响因素，发现尽管中国的 CO_2 排放总量在上升，但是碳排放强度在下降；通过区分一次能源和终端能源消费的碳排放强度的影响因素，指出一次能源碳排放强度对能源强度变化有显著影响，因此碳减排的政策不能只关注能源强度这一个因素，能源结构变化的影响因素也很重要；Koji Shimada 等针对低碳经济，构建了一个计算 CO_2 排放水平的公式，主要涉及与碳排放有关的活动（包括工业生产、住宅区、商业区、客运容量、货运容量等）和能源服务需求水平等。并利用此公式分析了日本滋贺县的碳排放，得出结论：碳排放主要受经济增长水平、产业结构和电力的碳排放强度等因素的影响。

鲍健强、苗阳、陈锋认为把能源结构的调整与能源效率的提高方法相结合，采用低碳技术、节能技术和减排技术，逐步减少传统工业对化石能源的过度依赖，努力提高现有能源体系的整体效率，遏制化石能源总消耗的增加，限制或淘汰高碳产业和产品，发展低碳产业和产品等是减少碳排放的重要手段；谭丹、黄贤金、胡初枝等测算了历年来我国工业行业的碳排放量，利用灰色关联度方法证实了我国工业行业碳排放量与产业发展之间存在着密切联系；胡初枝、黄贤金、钟太洋、谭丹等基于 EKC 模型，主要研究了规模效应、结构效应和技术效应分别与碳排放之间的关系，实证表明经济规模具有明显的增量效应，产业结构具有减量效应但并不明显，技术效应具有抑制碳排放增长的作用但波动较大；刘燕华、葛全胜、何凡能、程邦波提出通过改善能源结构、提高能源效率、全民节能减排、增大陆海碳汇、重视产能转移等措施降低碳排放。

林伯强、蒋竺均通过两种不同的分解模型解释人均二氧化碳排放的驱动因素，认为工业能源强度对碳排放有显著影响；刘红光、刘卫东主要针对工业燃烧能源引起的碳排放的影响因素进行分解，主要包括能源消费总量、能源消费结构、技术因素、中间投入量、产业结构以及工业总量等，通过实证分析，结果显示能源消费总量、工业总量、能源消费结构是引起碳排放增加的主要因素，而技术因素、中间投入量和产业结构等减排效果并不明显。

A. S. Dagoumas 和 T. S. Barkera 等运用宏观经济综合模型 E3MG（energy-economy-environment model at the global level）认为，电力部门和交通运输部门是实现大幅度减排目标的主要部门。其中，电力部门一方面可以通过核电等来代替传统能源，另一方面通过可再生能源的进一步普及，利用两种途径来降低碳排放；郑有飞、李海涛、吴荣军、王连喜等利用动态的气候变化综合评估模式（RICE），结合我国的节能减排目标，对我国 2000～2050 年的技术进步方案进行设定，评估结果显示技术进步可以减少我国碳排放量；李慧明、杨娜认为能源强度、能源结构、经济增长等是影响碳排放的主要因素；段红霞分析指出经济发展水平和碳排放是密切相关的，而这种关系是随着历史、社会经济状况以及政策的干预而变化的。同时段红霞认为能源技术也对碳排放存在影响，表现为两个方面：一是技术进步提高能源和资源利用效率；二是采用技术替代。

张丽峰认为加快调整工业内部结构、引进先进技术、调整产业结构能够影响 CO_2 排放。

Wei 等对 1997～2009 年中国省级能源消费碳排放进行空间分析，结果表明碳排放与 GDP 和人口有着密切的关系，碳排放存在较强的溢出效应。

丁胜等以长三角区域为例，吴振信等以北京为对象，任晓松等以天津为样本，探讨 CO_2 排放的影响因素，学者们发现：能够在较大程度上对 CO_2 排放产生作用的因素有人口、人均 GDP、工业结构、城镇化和能源强度。

Zhang 和 Da 采用 LMDI 方法分析中国 1996～2010 年碳排放影响因素并进行脱钩分析，结果表明经济增长是过去几十年中国碳排放增加的主要驱动力，而能源强度的降低和能源消费结构的调整是降低碳排放的主要因素。

Wang 等通过构建 1990～2010 年碳排放 STIRPAT 模型，研究了社会经济因素、城市形态和交通网络对碳排放的影响，表明社会经济因素与碳排放显著相关，追求紧凑型的城市发展模式有助于减少碳排放，同时，改善城市空间结构与交通组织的耦合程度可以降低碳排放；同年 Shuai 等结合 STIRPAT 模型分析 1990～2011 年间 125 个不同收入水平国家的人口、富裕程度和技术对碳排放的影响，结果表明全球范围内影响碳排放的关键因素是富裕水平，其次是技术和人口因素。对于高收入国家，技术对碳排放影响最大；而对于低收入国家，富裕程度是影响碳排放的最大因素；Li 等指出经济活动是中国各省碳排放量大幅增加的主要原因，技术变化和潜在能源强度变化对碳排放有相当大的影响；孙叶飞和周敏对中国 1996～2014 年能源消费碳排放与经济增长脱钩关系、碳排放影响因素进行分析，表明能源强度和经济发展水平是影响 GDP 和碳排放脱钩的主要因素；韩梦瑶等采用变系数面板模型，探讨了美国、日本、英国等世界主要国家的 CO_2 排放的影响因素，结果发现同一影响因素对不同国家 CO_2 排放的影响大小不同，但总的来说，GDP 能够显著促进 CO_2 排放，城市化率以及可再生资源占比则能有效减少 CO_2 排放。

Dong F 等研究发现能源结构、工业化指数和最终消费率对碳排放强度有积极影响，而技术进步和城市化都是减少碳排放强度的重要因素；韩钰铃和刘益平基于 LMDI 模型研究了江苏省的工业 CO_2 排放情况，得出工业及经济的发展是引起 CO_2 排放变多的主要因素，而能源强度以及能源的技术强度则能够抑制 CO_2 排放。

Pan X 等以 34 个 OECD 国家为研究对象，利用符号回归法探究了影响碳排放强度的因素，结果显示碳排放强度的影响因素因国家而异，其中最突出的因素是 GDP，其次是总人口和 FDI；Wang 和 Zhong 研究了 1980～2014 年中国人均碳排放、GDP、可再生能源、不可再生能源生产和对外贸易之间的 11 种关系，得出这些变量之间存在着长期关系，认为可再生能源消费是减少碳排放的关键解决方案；Chontanawat 选用 IPAT 模型对东盟四个选定国家的碳排放影响因素进行研究，分析结果表明人口和经济因素是这些国家二氧化碳排放量增加的主要驱动因素；吴雯和李玮同样采用 LMDI 方法探讨了中部地区 6 个省份交通运输业 CO_2 排放的影响因素，结果表明经济增长是导致 CO_2 排放量变多的最关键因素，但是能源结构的变化所产生的作用却是有限的；吕倩通过构建 SDM-STIRPAT 模型，对碳排放影响因素进行共性分析，得出人口规模、人均 GDP、能源强度、城镇化水平、产业结构调整都对碳排放的影响存在地域差异性。

Wu 等通过对二氧化碳驱动因素空间差异和时间变化进行研究，分析结果显示人均 GDP 对二氧化排放具有双向影响。

王建雄等采用 LMDI 和 SITRPAT 方法从影响效应和影响贡献研究了京津冀地区的碳排放影响因素，得出了降低碳排放需要从能源和经济角度考虑的结论。

徐英启等首先测算了低碳试点城市的碳排放效率，经过实证研究明确了经济、产业结构、城镇化水平、绿色技术创新作为碳排放效率的影响因素对碳排放效率具有显著的促进作用；杨绍华等使用 LMDI 分解了长江经济带交通运输业的碳排放关键因素，发现各省市存在明显差异，但是经济是驱动碳排放增长的最大因素；郭承龙和徐蔚蓝利用 STIRPAT 模型对江苏省的碳排放影响因素进行分析，经过实证研究得出了江苏省碳排放受到人口和城市化影响最大的结论；刘小丽等采用 LMDI 模型对中国制造业碳排放的影响因素进行研究，得出了产业结构对制造业碳排放的影响效应特别突出的结论；韩文艳和熊永兰对 8 个典型科技大国的二氧化碳与经济增长的脱钩状态及其驱动因素进行研究，研究结果表明经济增长和能源消费强度对碳排放的影响最大。

Cheng 等对 1997～2018 年中国城市化和二氧化碳排放之间的关系进行研究，实证结果表明城市化和城市无序扩张都增加了二氧化碳排放量。

综上所述，碳排放的影响因素是多方面的，需要综合考虑经济、能源、环境、社会等多个层面的因素，才能制定出有效的碳排放政策和措施。

① 经济增长。经济增长是碳排放增加的主要驱动力，特别是在发展中国家。随着经济的增长，能源消费和碳排放通常会随之增加。

② 能源结构。能源结构的调整对碳排放有显著影响。例如增加可再生能源的使用、减少化石燃料的依赖，可以降低碳排放。

③ 能源效率。提高能源效率，即减少单位能源消耗，可以通过减少能源消费总量来降低碳排放。

④ 产业结构。产业结构的调整，如从高能耗、高排放的产业向低能耗、低排放的产业转型，可以减少碳排放。

⑤ 技术进步。技术进步对碳排放的影响是双重的。一方面，技术进步可以提高能源利用效率，减少碳排放；另一方面，技术进步也可能带来更多的能源消费和碳排放。

⑥ 城市化和城市扩张。城市化进程和城市规模的扩张对碳排放有显著影响，特别是在快速城市化的国家。城市化可能导致能源消费和碳排放的增加。

⑦ 人口因素。人口规模和人口分布对碳排放有影响。人口的增长通常伴随着能源消费和碳排放的增加。

⑧ 政策因素。政策措施，如节能减排政策、碳税、碳排放交易等，可以影响碳排放的水平。

⑨ 社会经济状况。社会经济发展水平、能源价格、消费者行为等因素也会影响碳排放。

⑩ 国际贸易。国际贸易中的隐含碳排放，即产品生产过程中的碳排放，也会影响一个国家的碳排放总量。

4.3.2 指标选取

综述以上内容分析及相关学者的研究，在本书的碳排放子系统中选取包括第二产业增加值占GDP比重、碳排放总量和人均碳排放量几个指标作为该子系统的评价要素进行下一步分析。

工业部门通常是二氧化碳排放的主要贡献者之一，因为它在生产过程中使用大量能源，特别是化石燃料，从而排放大量二氧化碳等温室气体。因此，第二产业增加值占GDP比重的变化可以直接反映地区经济发展与二氧化碳排放的关系。其次，第二产业增加值比率的变化可以体现产业结构调整优化的效果。随着经济向高价值制造业和技术密集型产业转移，第二产业增加值比重预计将下降，能源效率和碳排放趋于减少。因此，该指标不仅体现经济增长，也是衡量产业结构变化对CO_2排放影响的重要指标。

经济的发展使得人们增加了对能源的消费，我国目前以化石能源为主导的能源消费结构中，能源消费的增加势必导致CO_2排放量的增加。由于我国部分传统工业区域经济发展过度依赖能耗偏高的工业，使得目前二氧化碳排放量居高不下。CO_2的排放是低碳经济脚步的巨大阻碍，CO_2排放量与经济增长之间存在正向的均衡关系。

全球的人类都拥有公平碳排放的权利，人均碳排放作为比较公平并能得到大多数国家承认的国际标准，人均碳排放量是指碳排放总量与人口的比值，人均碳排放更少，所面临的碳排放约束也将相对更少，这将有利于经济的可持续增长。

4.4 碳汇能力子系统

4.4.1 影响因素分析

不同的生态系统类型具有不同的碳汇能力，本书分析森林、草地、湿地和荒漠等陆地生态系统以及海洋生态系统的碳汇能力影响因素。

(1) 影响森林碳汇能力的因素

① 森林面积的增长。这是提升森林碳汇能力的一个关键因素。

② 森林生长导致的碳密度变化。森林的生长过程会吸收大气中的二氧化碳，并将其固定在植物体和土壤中，从而增加森林的碳储量。研究表明，中国未来乔木林生物质碳密度和碳储量将随时间增长，持续发挥碳汇功能。

③ 森林管理措施。有效的森林管理和生态工程措施也对增强森林碳汇功能具有重要作用。退耕还林、天然林保护等生态工程可以促使森林进入净生态生产力束缚期，形成显著的碳汇。

④ 林龄和气候条件。林龄和气候条件的变化也会影响森林的碳汇能力。随着林龄的增加，森林的碳汇能力可能会发生变化，而气候条件如温度和降水也会影响森林的生长和碳吸收能力。

⑤ 森林生态系统结构与功能。森林生态系统的结构和功能对于其固碳能力至关重要。优化生态空间布局、科学实施生态修复、提升森林生态系统的固碳能力等措施都可以增强森林的碳汇功能。

⑥ 政策机制与配套措施。健全的政策机制和配套措施对于提升森林碳汇能力也至关重要。这包括建立完善的森林碳汇监测、核算体系，以及发展可测量、可报告和可核查的森林碳汇技术体系。

(2) 影响草原碳汇能力的因素

① 草原退化。草原退化会通过减少本地植被生长和植被生产力，降低土壤有机碳储量，从而降低草原的固碳能力，减弱其作为碳汇的作用。

② 不合理的人类活动。过度放牧、草地开垦等不合理的人类活动会严重影响草原生态系统的碳汇能力，导致草原退化，进而降低草地的固碳能力。

③ 土壤有机碳库。土壤有机碳库的多少与气候、土壤质地等因素密切相

关。不同地区草原土壤有机碳库存在差异，且与年均降水量呈正相关。

④ 草地植被碳库。草地植被通过光合作用吸收大气中的 CO_2，并以有机碳的形式储存在草原植被或土壤中，形成草原生态系统的碳汇。

⑤ 土壤类型和坡度。这些因素会影响草原土壤有机碳的积累和释放过程，进而影响草原的碳汇功能。

⑥ 草地管理措施。合理的草地管理措施，退化草地恢复、人工种草、退林还草等，可以增加地上生物量和土壤质量，从而增加草原生态系统的碳汇量。

⑦ 植被覆盖率。草原植被覆盖率的下降会加速土壤中碳的释放，增加大气中 CO_2 的浓度，从而影响草原的碳汇功能。

(3) 影响湿地碳汇能力的因素

① 湿地土壤特性。湿地土壤中富含有机质且分解缓慢，这使得湿地能够有效地固碳。土壤的有机碳含量、分解速率以及水分状况都会影响湿地的碳汇能力。

② 湿地植被。湿地植被通过光合作用吸收大气中的 CO_2，并将其转化为有机物质，从而固碳。植被的种类、生物量、碳分配和固定能力都会影响湿地的碳汇功能。

③ 水文过程。湿地水文过程的调控，水位变化、水文连通性，会影响湿地植物的光合速率和土壤有机物沉积过程，从而影响湿地的碳储存或碳汇能力。

④ 气候变化和人类活动。气候变化导致的温度升高、降水模式改变，以及人类活动如退化湿地生态系统的修复和保护措施，都会对湿地植被的碳吸收、碳分配、碳储存等过程产生影响。

⑤ 生态系统的退化和恢复。湿地生态系统的退化和恢复过程也会影响其碳汇能力。例如通过生态工程手段提高湿地水位，可以降低有机质分解速率，减少 CO_2 排放。

⑥ 生物地球化学过程。湿地独特的生物地球化学特征，如厌氧环境下有机质的积累对湿地碳汇能力的形成和维持起着关键作用。

(4) 影响荒漠碳汇能力的因素

① 自然条件。降水量的增加等自然因素可以促进荒漠地区植被的生长和恢复，从而增加其固碳能力。

② 人类活动。人类活动对荒漠碳汇能力有双重影响。一方面，积极的土地管理措施，退耕还林还草、草场封育等，可以促进植被面积的增加和生长状况的改善，从而增加碳汇。另一方面，不利的人类活动，如过度放牧、不当的农林活动、矿产资源开发等，可能导致荒漠化扩张，使荒漠地区成为碳源，释放温室气体。

③ 人类干扰强度。人类干扰强度的增加是导致土壤有机碳向大气加速释放的主要原因。这包括对土地的过度开发和利用，以及缺乏可持续的土地利用方式。

④ 植被状况。植被覆盖度的增加和植物生物量的增加可以提高荒漠地区的固碳能力。此外，短命植物的生长和固碳作用也是荒漠生态系统碳汇扩增的重要途径。

⑤ 土壤无机碳。土壤无机碳的积累速率高于有机碳，且无机碳库的密度和储量远大于有机碳库。因此，土壤无机碳的固存对全球碳固定和大气 CO_2 的调节具有重要意义。

⑥ 政策与治理。加强荒漠化及其防治对生态系统碳汇能力的研究至关重要。政府可以通过完善相关政策法规，加大荒漠生态系统的保护修复力度，提升荒漠碳汇能力。

(5) 影响海洋碳汇能力的因素

① 海洋生物生态过程。海洋中的浮游植物和海草通过光合作用吸收大量 CO_2，并将其转化为有机碳储存于生物体内。这些生物死亡后，残骸沉入海底形成海洋沉积物中的有机碳，这是海洋碳汇形成和储存的主要途径。

② 海洋治理体系的现代化。海洋治理体系的适应性和灵活性对于海洋碳汇能力的提升至关重要。通过行政化、技术化和规范化手段实现海洋治理体系的优化和完善，有助于海洋碳汇的保护和恢复。

③ 政策体系和产业结构优化。建立健全的政策体系，优化上下结构，对于推动海洋碳汇相关产业的发展至关重要。这包括建立适合海洋碳汇渔业产业发展的政策体系和发展规划，以及推进陆海深度融合发展。

④ 技术创新和应用示范。海洋碳汇技术的研发、监测调查评估与标准化体系的建设对于提升海洋碳汇能力至关重要。这包括发展渔业固碳、养殖系统增汇和海洋牧场渔业低碳等技术。

⑤ 生态保护和修复。统筹推进海洋生态保护与修复，通过实施一系列海洋生态保护修复重大示范工程，恢复海洋动植物生境，提升海洋生态系统的碳

汇能力。

⑥ 监测技术和方法。建立完善的海洋碳汇监测计量体系，提升蓝碳综合评估能力，对于科学评价海洋碳汇及其开发潜力至关重要。这包括开展现场调查，掌握不同生境的碳收支状况和海洋过程的碳汇潜力。

(6) 其他影响碳汇能力的因素

① 生态系统质量与稳定性。提高生态系统的质量和稳定性是提升碳汇能力的基础。这包括保护现有的森林和湿地，以及恢复退化的生态系统。

② 生态系统健康状况。生态系统的健康状况也会影响其碳汇能力，健康的生态系统通常具有更高的碳汇效率。

③ 气候因素。气候变化对碳汇能力有直接影响。温度和降雨量的变化会影响植物的生长和土壤的碳固存过程，进而影响整个生态系统的碳循环。

④ 人类活动。人类活动对碳汇能力的影响非常显著。土地利用变化（砍伐森林、开垦农田）、过度放牧、工业污染和城市化进程等都会对生态系统结构和功能造成影响，进而影响其碳汇能力。

⑤ 管理措施。有效的生态系统管理措施可以显著提升碳汇能力。

⑥ 政策与法规。政府政策和国际法规也会对碳汇能力产生影响。

⑦ 技术发展。技术进步在碳汇能力的提升中发挥着重要作用。

⑧ 市场机制和价格。碳汇市场的价格波动和市场机制对碳汇能力有直接影响。

⑨ 产业耦合发展。CCUS与能源、化工、农业等产业的耦合发展，有助于提高碳汇能力。

以上这些因素相互作用，共同影响着碳汇能力。此外，碳汇能力的影响因素还包括市场制度设计、市场发展程度等多个方面；碳交易机制、经济发展水平以及能耗强度等也是影响碳汇能力的重要因素。

4.4.2 指标选取

结合以上内容，本书省域低碳经济生态评价体系中关于碳汇基础子系统选取包含城市森林覆盖率、造林总面积，并作为主要分析要素及评价指标。

森林是陆地生态系统的主体，在维护生态平衡、保护生态安全、预防生态危机等方面起着决定性的作用。森林利用光合作用把太阳能转化成化学能，把大气CO_2转化成有机物，这一转变过程构成了森林固碳作用。故将森林面积增长、森林覆盖率作为碳汇能力子系统的主要指标。

以造林总面积作为反映地方政府在生态系统修复方面的政策承诺和执行成效的指标，如地方政府通过政策引导或投资补贴来促进植树活动等等，不仅可以改善当地的生态环境质量，还可以为居民提供水源保护、土壤保护等生态系统服务，促进森林活动的改善。造林总面积也是一个功能齐全的指标。通过定量测量和分析，可以清晰评估造林活动对环境效益的实际贡献。

4.5 碳减排子系统

4.5.1 影响因素分析

王克、王灿、吕学都等采用长期能源替代规划系统（LEAP）软件建立模型，比较了三种不同情境下 2000～2030 年我国钢铁行业 CO_2 排放量，得出结论：我国钢铁行业具有较大的碳减排潜力，应通过结构调整和技术进步实现碳减排。

孙建卫、赵荣钦、黄贤金、陈志刚等参照 IPCC 温室气体清单方法核算了我国 1995～2005 年历年的碳排放，发现我国碳排放总量呈先减后增的趋势，其中，GDP 增长是拉动因素，技术进步因素是其减少的主要因素；碳排放强度总体呈增长态势；通过总结，认为工业部门是实现碳减排的关键。

李艳、梅张雷、程晓凌等通过计量 1980～2007 年我国经济总量、产业结构和碳排放强度与碳排放之间的关系，发现唯有碳排放强度降低可以减少碳排放，而经济总量的增长必然引起碳排放的增加，因此碳减排的重点应是调整产业结构及降低各产业的碳排放强度。

王小彬等的研究表明增加秸秆还田、有机肥施用等农业土地利用管理措施有助于土壤固碳减排。同年，王锋等认为经济发展、人口增长、城镇化、工业化、经济结构调整、能源结构调整、居民消费模式变化、能源技术进步和能源价格变化等是影响碳减排的主要因素。

张丽峰认为一方面提高能源利用效率是当前国际社会提出的主要减排措施之一，我国在短期能源结构调整困难的情况下，提高能源效率、节约能源是最有效的碳减排途径，这不仅符合中国经济增长方式从粗放型向集约型根本转变的需要，而且有利于降低经济增长对能源的依赖。另一方面对现有新能源生产技术和成本的限制及能源结构调整速度的限制,将储量相对丰富的煤炭转化成较高效和清洁的能源,实施清洁生产是更为可行的碳减排方式,其中洁净煤炭技术将在未来扮演十分重要的角色。

宋杰鲲以山东的CO_2排放为研究对象,以LMDI法为研究方法,进行了相关研究,结果发现人均GDP对CO_2排放的促进作用大于人口对CO_2排放的拉动效应,而加强技术水平可以显著促进碳减排。

徐成龙等在核算山东省1994~2010年碳排放的基础上采用LMDI分解法得出结果是产业结构效应对山东省碳排放起到了促进作用,并采用LEAP模型预测了山东省2030年不同产业结构调整情景下的碳排放量;结果表明,工业占比越小,对碳减排的贡献越大。Moutinho等对1995~2010年间15个欧盟国家的碳排放影响因素进行分解,结果表明,增加能源生产的可再生能力和生产力有助于碳减排。Leibowicz探究了城市土地利用管制对温室气体排放的影响,结果表明城市土地利用管制(如容积率限制)有助于碳减排。Xie等研究表明工业用地集约节约程度越高,碳减排效果越好。王颖认为产业结构调整、科技进步、国土空间结构优化及人口调控等因素能够影响碳减排效果,并且将其进行对比,得出在2035年各情景减排潜力大小依次为:科技进步＞国土空间结构优化＞产业结构优化＞人口调控。

综上所述,碳减排是一个多因素共同作用的过程,需要通过产业结构优化、科技进步、国土空间结构优化、人口调控、经济发展水平、能源结构调整以及技术水平提高等多个方面的共同努力才能实现有效的碳减排。

① 产业结构优化。通过对产业结构进行调整,减少高耗能、高排放产业的比重,同时促进低能耗、低排放产业的发展,可以有效降低碳排放量。

② 科技进步。科技进步对碳减排有着积极的影响。提高能源利用效率,实施清洁生产,以及研发和应用低碳技术,都是通过科技手段实现碳减排的重要途径。

③ 国土空间结构优化。优化国土空间结构,包括城市规划和土地利用管理,可以影响碳排放。

④ 人口调控。人口数量的变化也会影响碳排放。

⑤ 经济发展水平。经济增长和碳排放之间存在密切关系。经济发展会带来更多的碳排放,但同时经济增长也可以为碳减排提供资金和技术支持。

⑥ 能源结构调整。增加可再生能源的比例,减少化石能源的使用,是实现碳减排的另一个重要途径。

⑦ 技术水平提高。技术水平的提升可以促进碳减排。

4.5.2 指标选取

基于上述分析，关于碳减排能力子系统选取包含工业污染治理完成投资、一般工业固体废物综合利用率、生活垃圾无害化处理率和国内发明专利申请授权量几个因素指标进行分析。

污染治理的投入不仅能改善环境，而且与经济增长具有紧密的关系。所以将工业污染治理投资合理化，可以更好地带动经济协调可持续发展。工业污染治理完成投资投入越大，相应地可以长期作用于各种因素从而带动经济发展、降低碳排放总量，进而推动低碳经济的发展。

一般工业固体废物综合利用率是指工业固体废物综合利用量占工业固体废物产生量的百分率。作为工业大国，我国也是资源消耗大户，工业固废综合利用率相对较低。从长期来看，省市的工业污染环境治理投资与污染治理完成投资同样会降低碳排放量，适合作为碳减排子系统的指标。

对于城市生活废弃物，且随着低碳经济时代的到来，传统的焚烧法、填埋法在造成一定环境问题的同时，不仅会产生一些有毒物质污染大气和土壤，而且在城市固体废弃物的处理过程中还会产生CO_2、甲烷、氧化亚氮等温室气体，还增加了碳的排放量。因此，在城市固体废弃物处理工艺上，堆肥法、热解法等远远不能满足当今社会发展的要求。无害化处理工艺下，堆肥法、热解法等能够增加碳汇、减少碳通量，生活垃圾无害化处理已经成为构建低碳城市的必然要求。因此，生活垃圾无害化处理率已经成为低碳经济下衡量城市发展水平的重要因素。

近年来，我国的专利申请和授权数量呈现迅猛增长之势，拥有更多自主知识产权的专利技术实施知识产权战略，成为强有力的竞争力之一。将授权的专利转化为生产力，将在推动经济增长的进程中发挥重要作用。国内发明专利申请授权量的提高代表着未来发明专利的技术成果的增加，可以发挥对经济增长的促进作用。

综上，本书从低碳经济发展子系统、能源供给与消耗子系统、碳排放子系统、碳汇能力子系统、碳减排子系统五个子系统构建了"双碳"目标下省域低碳经济体系模型。具体构建如图 4-1 所示。

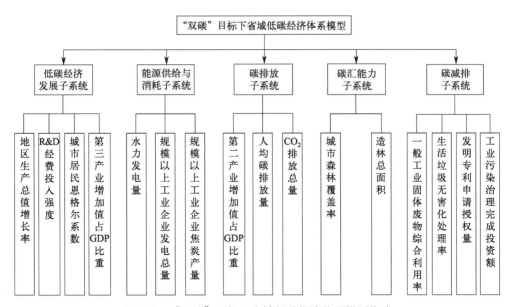

图 4-1 "双碳"目标下省域低碳经济体系模型构建

第 5 章

"双碳"目标下省域低碳经济生态体系评价的实证设计

为科学评估"双碳"目标下省域低碳经济发展水平,而设计了一套多维度评价指标体系,涵盖经济增长、能源供给、碳排放、碳汇基础及减排能力等关键领域。这有助于深入了解各省市和自治区在低碳经济发展中的实施现状与成效,揭示区域发展中的不平衡和差异,并为制定有针对性的长远低碳发展战略提供启示和指导。

5.1 评价指标体系的设计

5.1.1 指标设计

根据前文五个子系统对目前有关低碳经济的文献和专著使用频率较高、关联性较强的指标,选取不同省域低碳经济内涵、特征进行综合分析,选择那些重要的发展特征指标。在初步提出评价指标的基础上,征求权威专家给出权威意见,对指标进行优化调整,最终得出低碳经济发展影响因素评价指标体系。

5.1.2 因素选取

围绕上述分析,选取 5 个子系统 16 个因素作为省域低碳经济发展影响因素评价指标体系,见表 5-1。

表 5-1 省域低碳经济发展影响因素评价指标体系

一级指标	二级指标	单位
低碳经济发展	地区生产总值增长率	%
	城市居民恩格尔系数	%
	R&D 经费投入强度	万元
	第三产业增加值占地区生产总值的比重	%
能源供给与消耗	水力发电量	亿千瓦时
	规模以上工业企业发电总量	亿千瓦时
	规模以上工业企业焦炭消费量	万吨
碳排放	人均碳排放量	吨/人
	第二产业增加值占 GDP 比重	%
	CO_2 排放总量	万吨
碳汇能力	造林总面积	公顷
	城市森林覆盖率	%

续表

一级指标	二级指标	单位
碳减排	一般工业固体废物综合利用率	%
	生活垃圾无害化处理率	%
	发明专利申请授权量	项
	工业污染治理完成投资额	万元

5.1.3　方法选取

为了确保评价指标的可靠性，本书运用综合分析方法，对我国省域的低碳经济现状进行深度评估。这一方法结合了层次分析与灰色关联技术，从不同角度出发，全面识别主要影响因素，从而提高实证结果的准确性与有效性。

5.1.4　数据来源

以 2017~2021 年为研究时间段，如表 5-2 所列，在全国范围内的华东地区、华南地区、华中地区、华北地区、西南地区、东北地区、西北地区七个区域，选择经济相对发达的 30 个省（自治区、市）作为研究对象，分别选取北京、天津、河北、山西、内蒙古、黑龙江、吉林、辽宁、上海、江苏、浙江、安徽、福建、江西、山东、河南、湖北、广西、湖南、海南、广东、重庆、四川、云南、贵州、陕西、甘肃、青海、宁夏、新疆 30 个省（自治区、市）作为研究对象，分析我国不同省（自治区、市）内低碳经济发展现状及差异。研究数据来自各省地方统计年鉴、全国统计年鉴、全国统计局等官方资料源。分析了全国不同地区省域低碳经济现状，通过实证分析，进一步用于识别省（自治区、市）低碳经济发展的关键要素及路径选择。

表 5-2　实证选取的 30 个省（自治区、市）

地区	名称
华东地区	山东、江苏、安徽、浙江、福建、上海
华南地区	广东、广西、海南
华中地区	湖北、湖南、河南、江西
华北地区	北京、天津、河北、山西、内蒙古
西南地区	四川、重庆、云南、贵州
东北地区	辽宁、吉林、黑龙江
西北地区	陕西、甘肃、青海、宁夏、新疆

5.2 灰色关联分析

灰色关联分析法从客观数据出发,对系统态势进行量化比较分析。直观上看,灰色关联分析是将被评价对象构成的数据列所绘制出的曲线与理想对象的数据列所绘制出的曲线的几何形状相比较,可根据其形状的接近程度,判断被评价对象的优劣。

5.2.1 样本与变量的描述性统计

根据关联分析的定义,选取作为参考的数列如下:

$$x_0 = \{x_0(k) | k=1,2,\cdots,n\} = [x_0(1), x_0(2), \cdots, x_0(n)] \quad (5\text{-}1)$$

式中,x_0 为参考数据列,也就是被评价对象的数据列;k 为时刻。

假设有 m 个比较数列,则:

$$x_i = \{x_i(k) | k=1,2,\cdots,n\} = [x_i(1), x_i(2), \cdots, x_i(n)] \quad (5\text{-}2)$$

式中,x_i 为比较数据系列,也就是其他待比较对象的数据系列;$i=1,2,\cdots,m$。

(1) 原始数据无量纲化处理

本研究采用初值化对原始数据进行无量纲化处理。
具体公式为:

$$X'_i = \frac{x_i}{x_1} \quad (5\text{-}3)$$

式中,X'_i 为对原始数据进行无量纲化处理后的结果;$i=1,2,\cdots,m$。

(2) 计算比较数列和参考数列的绝对差值

绝对差值计算公式为:

$$\Delta_i(k) = X'_0(k) - X'_i(k) \quad (5\text{-}4)$$

式中,$i=1,2,\cdots,m$;$k=0,1,2,\cdots,n$;$\Delta_i(k)$ 为参考序列与比较

序列 i 在时间点 k 的绝对差值。

5.2.2　计算灰色关联系数

灰色关联系数的计算公式如下：

$$\gamma[x_0(k),x_i(k)] = \frac{\min_i \min_k \Delta_i(k) + \xi \max_i \max_k \Delta_i(k)}{\Delta_i(k) + \xi \max_i \max_k \Delta_i(k)} \quad (5-5)$$

式中，$\gamma[x_0(k),x_i(k)]$ 为时间点 k 上参考序列 x_0 与比较序列 x_i 的灰色关联系数；$x_0(k)$ 为参考序列在时间点 k 的数据值；$x_i(k)$ 为比较序列 i 在时间点 k 的数据值；ξ 为分辨系数，一般取值范围是 $0\sim1$，常取 0.5；$\min_i \min_k \Delta_i(k)$ 为所有序列和所有时间点绝对差值的最小值；$\max_i \max_k \Delta_i(k)$ 为所有序列和所有时间点绝对差值的最大值。

其中，$i=1,2,\cdots,m$；$k=0,1,2,\cdots,n$。

5.2.3　样本灰色关联测度

灰色关联度的计算公式为：

$$\lambda(x_0,x_i) = \frac{1}{n} \sum_{k=1}^{n} \lambda[x_0(k),x_i(k)] \quad (5-6)$$

式中，$\gamma(x_0,x_i)$ 为参考序列 x_0 与比较序列 x_i 的灰色关联度；$\gamma[x_0(k),x_i(k)]$ 为在时间点 k 上参考序列 x_0 与比较序列 x_i 的灰色关联系数；n 为序列的时间点总数；Σ 为求和符号，表示对所有时间点 k 进行求和。

其中，$i=1,2,\cdots,m$；$k=0,1,2,\cdots,n$。具体数据带入得到结果。30 个省自治区的灰色关联度数据结果（2016~2022 年）如表 5-3~表 5-32 所列。

表 5-3　北京关联度结果

评价项	关联度	排名
地区生产总值增长率	0.742	13
R&D 经费投入强度	1	1

续表

评价项	关联度	排名
城市居民恩格尔系数	0.826	9
第三产业增加值占地区生产总值的比重	0.845	6
水力发电量	0.766	11
规模以上工业企业发电总量	0.865	3
规模以上工业企业焦炭产量	0.934	2
第二产业增加值占 GDP 比重	0.804	10
CO_2 排放总量	0.857	5
人均碳排放量	0.863	4
城市森林覆盖率	0.837	8
造林总面积	0.589	15
一般工业固体废物综合利用率	0.744	12
生活垃圾无害化处理率	0.838	7
发明专利申请授权量	0.737	14
工业污染治理完成投资额	0.493	16

表 5-4 天津关联度结果

评价项	关联度	排名
地区生产总值增长率	0.924	10
R&D 经费投入强度	1	1
城市居民恩格尔系数	0.938	3
第三产业增加值占地区生产总值的比重	0.919	11
水力发电量	0.555	16
规模以上工业企业发电总量	0.886	14
规模以上工业企业焦炭产量	0.974	2
第二产业增加值占 GDP 比重	0.937	5
人均碳排放量	0.929	7
CO_2 排放总量	0.937	4
城市森林覆盖率	0.926	8
造林总面积	0.898	13
一般工业固体废物综合利用率	0.926	9
生活垃圾无害化处理率	0.916	12
发明专利申请授权量	0.805	15
工业污染治理完成投资额	0.933	6

表 5-5 河北关联度结果

评价项	关联度	排名
地区生产总值增长率	0.829	10
R&D 经费投入强度	1	1
城市居民恩格尔系数	0.857	8
第三产业增加值占地区生产总值的比重	0.879	3
水力发电量	0.573	16
规模以上工业企业发电总量	0.9	2
规模以上工业企业焦炭产量	0.811	12
第二产业增加值占 GDP 比重	0.839	9
人均碳排放量	0.875	5
CO_2 排放总量	0.877	4
城市森林覆盖率	0.858	7
造林总面积	0.805	13
一般工业固体废物综合利用率	0.827	11
生活垃圾无害化处理率	0.862	6
发明专利申请授权量	0.797	14
工业污染治理完成投资额	0.767	15

表 5-6 山西关联度结果

评价项	关联度	排名
地区生产总值增长率	0.736	8
R&D 经费投入强度	1	1
城市居民恩格尔系数	0.724	10
第三产业增加值占地区生产总值的比重	0.685	15
水力发电量	0.776	4
规模以上工业企业发电总量	0.866	2
规模以上工业企业焦炭产量	0.766	6
第二产业增加值占 GDP 比重	0.733	9
人均碳排放量	0.77	5
CO_2 排放总量	0.759	7
城市森林覆盖率	0.701	12
造林总面积	0.801	3
一般工业固体废物综合利用率	0.653	16
生活垃圾无害化处理率	0.718	11
发明专利申请授权量	0.699	13
工业污染治理完成投资额	0.696	14

表 5-7 内蒙古关联度结果

评价项	关联度	排名
地区生产总值增长率	0.825	12
R&D 经费投入强度	1	1
城市居民恩格尔系数	0.929	4
第三产业增加值占地区生产总值的比重	0.89	7
水力发电量	0.77	15
规模以上工业企业发电总量	0.822	14
规模以上工业企业焦炭产量	0.827	11
第二产业增加值占 GDP 比重	0.95	2
人均碳排放量	0.864	9
CO_2 排放总量	0.865	8
城市森林覆盖率	0.918	6
造林总面积	0.838	10
一般工业固体废物综合利用率	0.945	3
生活垃圾无害化处理率	0.919	5
发明专利申请授权量	0.6	16
工业污染治理完成投资额	0.824	13

表 5-8 黑龙江关联度结果

评价项	关联度	排名
地区生产总值增长率	0.682	12
R&D 经费投入强度	1	1
城市居民恩格尔系数	0.861	5
第三产业增加值占地区生产总值的比重	0.828	7
水力发电量	0.534	16
规模以上工业企业发电总量	0.729	11
规模以上工业企业焦炭产量	0.603	15
第二产业增加值占 GDP 比重	0.89	2
人均碳排放量	0.855	6
CO_2 排放总量	0.879	3
城市森林覆盖率	0.865	4
造林总面积	0.763	10
一般工业固体废物综合利用率	0.822	8
生活垃圾无害化处理率	0.764	9
发明专利申请授权量	0.639	14
工业污染治理完成投资额	0.644	13

表 5-9 吉林关联度结果

评价项	关联度	排名
地区生产总值增长率	0.824	11
R&D 经费投入强度	1	1
城市居民恩格尔系数	0.866	8
第三产业增加值占地区生产总值的比重	0.776	13
水力发电量	0.867	7
规模以上工业企业发电总量	0.758	15
规模以上工业企业焦炭产量	0.823	12
第二产业增加值占 GDP 比重	0.897	3
人均碳排放量	0.875	6
CO_2 排放总量	0.9	2
城市森林覆盖率	0.886	5
造林总面积	0.89	4
一般工业固体废物综合利用率	0.864	9
生活垃圾无害化处理率	0.854	10
发明专利申请授权量	0.571	16
工业污染治理完成投资额	0.766	14

表 5-10 辽宁关联度结果

评价项	关联度	排名
地区生产总值增长率	0.579	16
R&D 经费投入强度	1	1
城市居民恩格尔系数	0.95	8
第三产业增加值占地区生产总值的比重	0.944	11
水力发电量	0.953	6
规模以上工业企业发电总量	0.971	2
规模以上工业企业焦炭产量	0.953	7
第二产业增加值占 GDP 比重	0.945	10
人均碳排放量	0.959	3
CO_2 排放总量	0.957	4
城市森林覆盖率	0.944	12
造林总面积	0.931	13
一般工业固体废物综合利用率	0.947	9
生活垃圾无害化处理率	0.954	5
发明专利申请授权量	0.892	14
工业污染治理完成投资额	0.877	15

表 5-11 上海关联度结果

评价项	关联度	排名
地区生产总值增长率	0.699	15
R&D 经费投入强度	1	1
城市居民恩格尔系数	0.798	10
第三产业增加值占地区生产总值的比重	0.819	5
水力发电量	0.947	2
规模以上工业企业发电总量	0.851	4
规模以上工业企业焦炭产量	0.81	6
第二产业增加值占 GDP 比重	0.786	11
人均碳排放量	0.777	13
CO_2 排放总量	0.78	12
城市森林覆盖率	0.809	7
造林总面积	0.754	14
一般工业固体废物综合利用率	0.803	9
生活垃圾无害化处理率	0.807	8
发明专利申请授权量	0.908	3
工业污染治理完成投资额	0.603	16

表 5-12 江苏关联度结果

评价项	关联度	排名
地区生产总值增长率	0.657	14
R&D 经费投入强度	1	1
城市居民恩格尔系数	0.712	12
第三产业增加值占地区生产总值的比重	0.751	6
水力发电量	0.76	4
规模以上工业企业发电总量	0.803	2
规模以上工业企业焦炭产量	0.603	16
第二产业增加值占 GDP 比重	0.732	10
人均碳排放量	0.756	5
CO_2 排放总量	0.762	3
城市森林覆盖率	0.737	9
造林总面积	0.724	11
一般工业固体废物综合利用率	0.677	13
生活垃圾无害化处理率	0.738	8
发明专利申请授权量	0.743	7
工业污染治理完成投资额	0.622	15

表 5-13 浙江关联度结果

评价项	关联度	排名
地区生产总值增长率	0.675	14
R&D 经费投入强度	1	1
城市居民恩格尔系数	0.703	10
第三产业增加值占地区生产总值的比重	0.751	5
水力发电量	0.631	15
规模以上工业企业发电总量	0.787	3
规模以上工业企业焦炭产量	0.691	12
第二产业增加值占 GDP 比重	0.69	13
人均碳排放量	0.733	6
CO_2 排放总量	0.757	4
城市森林覆盖率	0.717	8
造林总面积	0.701	11
一般工业固体废物综合利用率	0.731	7
生活垃圾无害化处理率	0.717	9
发明专利申请授权量	0.819	2
工业污染治理完成投资额	0.57	16

表 5-14 安徽关联度结果

评价项	关联度	排名
地区生产总值增长率	0.622	15
R&D 经费投入强度	1	1
城市居民恩格尔系数	0.668	11
第三产业增加值占地区生产总值的比重	0.708	4
水力发电量	0.661	12
规模以上工业企业发电总量	0.777	2
规模以上工业企业焦炭产量	0.753	3
第二产业增加值占 GDP 比重	0.659	13
人均碳排放量	0.701	6
CO_2 排放总量	0.704	5
城市森林覆盖率	0.678	9
造林总面积	0.684	8
一般工业固体废物综合利用率	0.697	7
生活垃圾无害化处理率	0.678	10
发明专利申请授权量	0.641	14
工业污染治理完成投资额	0.552	16

表 5-15 福建关联度结果

评价项	关联度	排名
地区生产总值增长率	0.593	14
R&D 经费投入强度	1	1
城市居民恩格尔系数	0.634	11
第三产业增加值占地区生产总值的比重	0.673	8
水力发电量	0.543	16
规模以上工业企业发电总量	0.762	3
规模以上工业企业焦炭产量	0.878	2
第二产业增加值占 GDP 比重	0.632	12
人均碳排放量	0.702	5
CO_2 排放总量	0.715	4
城市森林覆盖率	0.646	10
造林总面积	0.607	13
一般工业固体废物综合利用率	0.679	6
生活垃圾无害化处理率	0.651	9
发明专利申请授权量	0.678	7
工业污染治理完成投资额	0.546	15

表 5-16 江西关联度结果

评价项	关联度	排名
地区生产总值增长率	0.592	14
R&D 经费投入强度	1	1
城市居民恩格尔系数	0.628	11
第三产业增加值占地区生产总值的比重	0.657	8
水力发电量	0.56	16
规模以上工业企业发电总量	0.71	3
规模以上工业企业焦炭产量	0.586	15
第二产业增加值占 GDP 比重	0.613	13
人均碳排放量	0.66	7
CO_2 排放总量	0.661	6
城市森林覆盖率	0.629	10
造林总面积	0.62	12
一般工业固体废物综合利用率	0.676	4
生活垃圾无害化处理率	0.642	9
发明专利申请授权量	0.862	2
工业污染治理完成投资额	0.662	5

表 5-17 山东关联度结果

评价项	关联度	排名
地区生产总值增长率	0.766	12
R&D 经费投入强度	1	1
城市居民恩格尔系数	0.865	5
第三产业增加值占地区生产总值的比重	0.866	4
水力发电量	0.6	16
规模以上工业企业发电总量	0.855	7
规模以上工业企业焦炭产量	0.724	14
第二产业增加值占 GDP 比重	0.846	9
人均碳排放量	0.855	6
CO_2 排放总量	0.849	8
城市森林覆盖率	0.876	2
造林总面积	0.734	13
一般工业固体废物综合利用率	0.812	10
生活垃圾无害化处理率	0.876	3
发明专利申请授权量	0.796	11
工业污染治理完成投资额	0.627	15

表 5-18 河南关联度结果

评价项	关联度	排名
地区生产总值增长率	0.605	15
R&D 经费投入强度	1	1
城市居民恩格尔系数	0.859	3
第三产业增加值占地区生产总值的比重	0.806	7
水力发电量	0.734	13
规模以上工业企业发电总量	0.842	5
规模以上工业企业焦炭产量	0.732	14
第二产业增加值占 GDP 比重	0.769	11
人均碳排放量	0.821	6
CO_2 排放总量	0.793	10
城市森林覆盖率	0.796	9
造林总面积	0.734	12
一般工业固体废物综合利用率	0.845	4
生活垃圾无害化处理率	0.796	8
发明专利申请授权量	0.871	2
工业污染治理完成投资额	0.54	16

表 5-19 湖北关联度结果

评价项	关联度	排名
地区生产总值增长率	0.748	14
R&D 经费投入强度	1	1
城市居民恩格尔系数	0.766	11
第三产业增加值占地区生产总值的比重	0.756	13
水力发电量	0.822	3
规模以上工业企业发电总量	0.878	2
规模以上工业企业焦炭产量	0.793	8
第二产业增加值占 GDP 比重	0.756	12
人均碳排放量	0.801	5
CO_2 排放总量	0.8	6
城市森林覆盖率	0.788	10
造林总面积	0.699	15
一般工业固体废物综合利用率	0.793	9
生活垃圾无害化处理率	0.809	4
发明专利申请授权量	0.645	16
工业污染治理完成投资额	0.797	7

表 5-20 广西关联度结果

评价项	关联度	排名
地区生产总值增长率	0.7	14
R&D 经费投入强度	1	1
城市居民恩格尔系数	0.722	13
第三产业增加值占地区生产总值的比重	0.722	12
水力发电量	0.745	9
规模以上工业企业发电总量	0.88	3
规模以上工业企业焦炭产量	0.882	2
第二产业增加值占 GDP 比重	0.735	11
人均碳排放量	0.826	5
CO_2 排放总量	0.846	4
城市森林覆盖率	0.754	7
造林总面积	0.738	10
一般工业固体废物综合利用率	0.746	8
生活垃圾无害化处理率	0.76	6
发明专利申请授权量	0.657	15
工业污染治理完成投资额	0.562	16

表 5-21 湖南关联度结果

评价项	关联度	排名
地区生产总值增长率	0.637	15
R&D 经费投入强度	1	1
城市居民恩格尔系数	0.65	12
第三产业增加值占地区生产总值的比重	0.702	5
水力发电量	0.64	14
规模以上工业企业发电总量	0.74	3
规模以上工业企业焦炭产量	0.683	7
第二产业增加值占 GDP 比重	0.65	13
人均碳排放量	0.673	11
CO_2 排放总量	0.674	10
城市森林覆盖率	0.675	9
造林总面积	0.692	6
一般工业固体废物综合利用率	0.731	4
生活垃圾无害化处理率	0.675	8
发明专利申请授权量	0.777	2
工业污染治理完成投资额	0.547	16

表 5-22 海南关联度结果

评价项	关联度	排名
地区生产总值增长率	0.835	14
R&D 经费投入强度	1	1
城市居民恩格尔系数	0.861	8
第三产业增加值占地区生产总值的比重	0.885	4
水力发电量	0.855	10
规模以上工业企业发电总量	0.916	2
规模以上工业企业焦炭产量	0.847	12
第二产业增加值占 GDP 比重	0.853	11
人均碳排放量	0.876	5
CO_2 排放总量	0.891	3
城市森林覆盖率	0.87	7
造林总面积	0.847	13
一般工业固体废物综合利用率	0.858	9
生活垃圾无害化处理率	0.87	6
发明专利申请授权量	0.677	16
工业污染治理完成投资额	0.73	15

表 5-23 广东关联度结果

评价项	关联度	排名
地区生产总值增长率	0.639	13
R&D 经费投入强度	1	1
城市居民恩格尔系数	0.7	10
第三产业增加值占地区生产总值的比重	0.732	6
水力发电量	0.588	15
规模以上工业企业发电总量	0.841	2
规模以上工业企业焦炭产量	0.819	3
第二产业增加值占 GDP 比重	0.685	12
人均碳排放量	0.756	5
CO_2 排放总量	0.783	4
城市森林覆盖率	0.709	8
造林总面积	0.623	14
一般工业固体废物综合利用率	0.686	11
生活垃圾无害化处理率	0.724	7
发明专利申请授权量	0.584	16
工业污染治理完成投资额	0.706	9

表 5-24 重庆关联度结果

评价项	关联度	排名
地区生产总值增长率	0.571	16
R&D 经费投入强度	1	1
城市居民恩格尔系数	0.928	13
第三产业增加值占地区生产总值的比重	0.938	4
水力发电量	0.934	7
规模以上工业企业发电总量	0.956	3
规模以上工业企业焦炭产量	0.934	6
第二产业增加值占 GDP 比重	0.924	15
人均碳排放量	0.928	12
CO_2 排放总量	0.931	11
城市森林覆盖率	0.932	10
造林总面积	0.933	9
一般工业固体废物综合利用率	0.937	5
生活垃圾无害化处理率	0.927	14
发明专利申请授权量	0.962	2
工业污染治理完成投资额	0.934	8

表 5-25 四川关联度结果

评价项	关联度	排名
地区生产总值增长率	0.646	13
R&D 经费投入强度	1	1
城市居民恩格尔系数	0.662	9
第三产业增加值占地区生产总值的比重	0.714	4
水力发电量	0.748	3
规模以上工业企业发电总量	0.617	15
规模以上工业企业焦炭产量	0.623	14
第二产业增加值占 GDP 比重	0.648	12
人均碳排放量	0.656	11
CO_2 排放总量	0.659	10
城市森林覆盖率	0.677	8
造林总面积	0.611	16
一般工业固体废物综合利用率	0.683	6
生活垃圾无害化处理率	0.68	7
发明专利申请授权量	0.867	2
工业污染治理完成投资额	0.707	5

表 5-26 云南关联度结果

评价项	关联度	排名
地区生产总值增长率	0.728	7
R&D 经费投入强度	0.662	12
城市居民恩格尔系数	0.749	6
第三产业增加值占地区生产总值的比重	0.714	10
水力发电量	0.621	15
规模以上工业企业发电总量	0.604	16
规模以上工业企业焦炭产量	0.75	5
第二产业增加值占 GDP 比重	0.727	8
人均碳排放量	0.796	2
CO_2 排放总量	0.65	13
城市森林覆盖率	0.721	9
造林总面积	1	1
一般工业固体废物综合利用率	0.773	4
生活垃圾无害化处理率	0.695	11
发明专利申请授权量	0.636	14
工业污染治理完成投资额	0.792	3

表 5-27 贵州关联度结果

评价项	关联度	排名
地区生产总值增长率	0.836	6
R&D 经费投入强度	0.733	15
城市居民恩格尔系数	0.839	5
第三产业增加值占地区生产总值的比重	0.803	11
水力发电量	0.819	9
规模以上工业企业发电总量	0.786	13
规模以上工业企业焦炭产量	0.915	2
第二产业增加值占 GDP 比重	0.842	4
人均碳排放量	0.903	3
CO_2 排放总量	0.825	8
城市森林覆盖率	0.826	7
造林总面积	0.996	1
一般工业固体废物综合利用率	0.787	12
生活垃圾无害化处理率	0.817	10
发明专利申请授权量	0.773	14
工业污染治理完成投资额	0.646	16

表 5-28 陕西关联度结果

评价项	关联度	排名
地区生产总值增长率	0.828	9
R&D 经费投入强度	0.887	5
城市居民恩格尔系数	0.823	10
第三产业增加值占地区生产总值的比重	0.898	3
水力发电量	0.866	6
规模以上工业企业发电总量	0.794	12
规模以上工业企业焦炭产量	0.892	4
第二产业增加值占 GDP 比重	0.802	11
人均碳排放量	0.659	15
CO_2 排放总量	0.9	2
城市森林覆盖率	0.841	8
造林总面积	1	1
一般工业固体废物综合利用率	0.584	16
生活垃圾无害化处理率	0.852	7
发明专利申请授权量	0.706	13
工业污染治理完成投资额	0.667	14

表 5-29　甘肃关联度结果

评价项	关联度	排名
地区生产总值增长率	0.808	5
R&D 经费投入强度	0.81	4
城市居民恩格尔系数	0.805	6
第三产业增加值占地区生产总值的比重	0.843	2
水力发电量	0.665	16
规模以上工业企业发电总量	0.707	12
规模以上工业企业焦炭产量	0.775	10
第二产业增加值占 GDP 比重	0.78	9
人均碳排放量	0.694	13
CO_2 排放总量	0.795	8
城市森林覆盖率	0.824	3
造林总面积	1	1
一般工业固体废物综合利用率	0.804	7
生活垃圾无害化处理率	0.667	15
发明专利申请授权量	0.71	11
工业污染治理完成投资额	0.671	14

表 5-30　青海关联度结果

评价项	关联度	排名
地区生产总值增长率	0.829	4
R&D 经费投入强度	0.8	9
城市居民恩格尔系数	0.797	10
第三产业增加值占地区生产总值的比重	0.841	3
水力发电量	0.708	15
规模以上工业企业发电总量	0.738	14
规模以上工业企业焦炭产量	0.857	2
第二产业增加值占 GDP 比重	0.816	8
人均碳排放量	0.793	11
CO_2 排放总量	0.793	12
城市森林覆盖率	0.826	6
造林总面积	1	1
一般工业固体废物综合利用率	0.826	5
生活垃圾无害化处理率	0.817	7
发明专利申请授权量	0.745	13
工业污染治理完成投资额	0.537	16

表 5-31 宁夏关联度结果

评价项	关联度	排名
地区生产总值增长率	0.649	4
R&D 经费投入强度	0.521	14
城市居民恩格尔系数	0.618	9
第三产业增加值占地区生产总值的比重	0.65	3
水力发电量	0.536	11
规模以上工业企业发电总量	0.494	16
规模以上工业企业焦炭产量	0.597	10
第二产业增加值占 GDP 比重	0.633	8
人均碳排放量	0.524	13
CO_2 排放总量	0.513	15
城市森林覆盖率	0.643	5
造林总面积	0.633	7
一般工业固体废物综合利用率	0.651	2
生活垃圾无害化处理率	0.639	6
发明专利申请授权量	0.531	12
工业污染治理完成投资额	0.896	1

表 5-32 新疆关联度结果

评价项	关联度	排名
地区生产总值增长率	0.818	4
R&D 经费投入强度	0.868	2
城市居民恩格尔系数	0.783	8
第三产业增加值占地区生产总值的比重	0.799	7
水力发电量	0.711	14
规模以上工业企业发电总量	0.641	16
规模以上工业企业焦炭产量	0.672	15
第二产业增加值占 GDP 比重	0.802	6
人均碳排放量	0.731	12
CO_2 排放总量	0.729	13
城市森林覆盖率	0.809	5
造林总面积	1	1
一般工业固体废物综合利用率	0.730	11
生活垃圾无害化处理率	0.739	10
发明专利申请授权量	0.774	9
工业污染治理完成投资额	0.859	3

5.3 层次分析法指标权重计算

层次分析法（analytic hierarchy process，AHP）由美国运筹学家托马斯·塞蒂教授提出，以定性信息为基础进行指标的量化研究，适用于难以进行定量研究的系统，来辅助确定评价指标的权重，注重定性信息与定量信息的统一。

5.3.1 建立层次结构模型

首先，把问题分解成若干层次。将省域低碳经济发展影响因素评价指标体系中所包含的指标划分为不同层次，第一层为总目标；中间层可根据问题的性质分成目标层（准则层）；最底层为具体指标。在此基础之上进行定性和定量分析。"双碳"目标下省域低碳经济系统层次结构见表5-33。

表 5-33 "双碳"目标下省域低碳经济系统层次结构

目标层	准则层	指标层
"双碳"目标下省域低碳经济生态体系评价指标体系 A	低碳经济发展子系统 $B1$	地区生产总值增长率 X_1
		R&D经费投入强度 X_2
		城市居民恩格尔系数 X_3
		第三产业增加值占地区生产总值的比重 X_4
	能源供给与消耗子系统 $B2$	水力发电量 X_5
		规模以上工业企业发电总量 X_6
		焦炭产量 X_7
	碳排放子系统 $B3$	人均碳排放量 X_8
		第二产业增加值占GDP比重 X_9
		CO_2 排放总量 X_{10}
	碳汇能力子系统 $B4$	城市森林覆盖率 X_{11}
		造林总面积 X_{12}
	碳减排子系统 $B5$	一般工业固体废物综合利用率 X_{13}
		生活垃圾无害化处理率 X_{14}
		发明专利申请授权量 X_{15}
		工业污染治理完成投资额 X_{16}

将低碳经济发展影响因素评价指标体系中所包含的指标划分为不同层次，用表5-33表明层次的递阶结构与因素的隶属关系。根据层次分析法建立低碳

经济发展影响因素综合评价模型，设计影响因素评价指标体系，得到的指标体系如下。

(1) 准则层因素集

$A = (B1, B2, B3, B4, B5)$。

式中，A 为目标层，代表总目标，即"双碳"目标下省域低碳经济生态体系评价指标体系。

(2) 指标层因素集

$B1 = (X_1, X_2, X_3, X_4)$；

$B2 = (X_5, X_6, X_7)$；

$B3 = (X_8, X_9, X_{10})$；

$B4 = (X_{11}, X_{12})$；

$B5 = (X_{13}, X_{14}, X_{15}, X_{16})$。

式中，$B1$ 为低碳经济发展子系统；$B2$ 为能源供给与消耗子系统；$B3$ 为碳排放子系统；$B4$ 为碳汇能力子系统；$B5$ 为碳减排子系统。

5.3.2 构造判断矩阵

将所有因素在该级别上的重要性相对于上一级别进行排名。上层因素对下层指标进行两两比较构造判断矩阵：

$$A = \{a\}_{ij} nn \tag{5-7}$$

式中，A 为判断矩阵，包含 n 行 n 列的元素；$\{a\}_{ij}$ 用于比较不同因素之间的重要性。

然后利用归一化法计算层次权重系数。比较标度法（标度1~9）将思维数量化，运用人们对事物的判断认识，用相同、较强、很强等词语来描述一种指标与另一种指标之间的相对重要程度。重要性标度含义如表5-34所列。

表5-34 重要性标度含义

标度	含义
1	二者具有同等重要的影响
3	前者比后者影响稍微强烈
5	前者比后者影响较为强烈
7	前者比后者影响特别强烈

续表

标度	含义
9	前者比后者影响极端强烈
2,4,6,8	两相邻尺度的中间值
倒数	i 与 j 的判断为 a_{ij}，则 j 与 i 的判断为 $a_{ji}=1/a_{ij}$

对同层次各指标的重要性进行比较赋值，构建两两比较判断矩阵，综合专家组根据实践经验和专业知识做出的判断决策，得到如表 5-35 所列的判断矩阵，此处以一级指标为例。

表 5-35 一级指标判断矩阵

项目	$B1$	$B2$	$B3$	$B4$	$B5$
$B1$	1	2	2	4	1
$B2$	1/2	1	1/2	3	1
$B3$	1/2	2	1	2	2
$B4$	1/4	1/3	1/2	1	1/2
$B5$	1	1	1/2	2	1

5.3.3 层次单排序及其一致性检验

判断矩阵的特征根为：

$$AW = \lambda_{\max} W \tag{5-8}$$

式中，当判断矩阵 A 乘以其特征向量 W 时，结果等于最大特征值 $\lambda_{\max}$ 乘以特征向量 W，这意味着特征向量 W 是一个在矩阵 A 作用下保持方向不变的向量，且伸缩因子为 $\lambda_{\max}$。

为进行层次单排序或判断矩阵的一致性检验，进行一致性指标计算：

$$CI = (\lambda_{\max} - n)/(n-1) \tag{5-9}$$

式中，CI 为一致性指数；$\lambda_{\max}$ 为判断矩阵 A 的最大特征值；n 为判断矩阵的阶数（矩阵的特征维度）。这个公式用来衡量判断矩阵的一致性。

$$CR = CI/RI < 0.1 \tag{5-10}$$

式中，CR 为一致性比率，用于表示决策矩阵中成对比较的一致性；CI 为一致性指标；RI 为随机一致性指标，基于矩阵大小的预定值，一致性比率有助于判断比较是否足够一致，来确定结果的可靠性。当随机一致性比率

$CR<0.1$ 时，认为层次单排序计算得出的结果具有满意的一致性，否则需要调整判断矩阵的元素取值，再次进行判定。

AHP 受研究者或专家的主观影响较大，容易出现片面性，会使得研究的结果出现错判，因此构建的判断矩阵要计算信度（CR）值，观察主观判断方面的影响，计算过程为：$CI=(\lambda_{max}-n)/(n-1)$。

为了度量不同判断矩阵是否具有满意的一致性，还需要利用判断矩阵的平均随机一致性指标 RI。

表 5-36　AHP 层次分析结果

项	特征向量	权重值%	最大特征值	CI 值
指标 1	1.583	31.662	5.219	0.055
指标 2	0.855	17.093		
指标 3	1.222	24.443		
指标 4	0.415	8.298		
指标 5	0.925	18.504		

从表 5-36 可知，得到特征向量为（1.583，0.855，1.222，0.415，0.925），并且总共 5 项对应的权重值分别是：31.662%，17.093%，24.443%，8.298%，18.504%。除此之外，结合特征向量可计算出最大特征根（5.219），接着利用最大特征根值计算得到 CI 值=0.055[CI=(最大特征根－n)/(n－1)]，CI 值用于下述的一致性检验使用。

表 5-37　随机一致性 RI 表格

n 阶	3	4	5	6	7	8	9	10	11	12	13	14	15	16
RI 值	0.52	0.89	1.12	1.26	1.36	1.41	1.46	1.49	1.52	1.54	1.56	1.58	1.59	1.5943
n 阶	17	18	19	20	21	22	23	24	25	26	27	28	29	30
RI 值	1.6064	1.6133	1.6207	1.6292	1.6358	1.6403	1.6462	1.6497	1.6556	1.6587	1.6631	1.6670	1.6693	1.6724

本次针对 5 阶判断矩阵计算得到 CI 值为 0.055，从表 5-37 可知，当 CI 值为 0.055 时，RI 为 1.120，因此计算得到 CR 值为 0.049<0.1，意味着本次研究判断矩阵满足一致性检验，计算所得权重具有一致性。一致性检验结果汇总见表 5-38。

表 5-38 一致性检验结果汇总

最大特征根	CI 值	RI 值	CR 值	一致性检验结果
5.219	0.055	1.120	0.049	通过

5.3.4 层次总排序及其一致性检验

计算同一层次所有因素对于我国省域低碳经济发展相对重要性的排序权值，即层次总排序。采用一致性检验，得出从高到低逐行层次。经由 AHP 法，计算出各评价指标的权重系数，结合灰色关联度确定的权重。其中，$W_{GRA}=60\%$，$W_{AHP}=40\%$，以此得出我国省域低碳经济综合评价与测度综合权重，如表 5-39 所列。

表 5-39 我国省域低碳经济综合评价与测度综合权重

指标	二级指标	W_{GRA}	W_{AHP}	$60\%W_{GRA}+40\%W_{AHP}$	排序
X_1	地区生产总值增长率	0.718	0.645	0.6888	16
X_2	R&D 经费投入强度	0.954	0.874	0.922	1
X_3	城市居民恩格尔系数	0.781	0.809	0.7922	11
X_4	第三产业增加值占地区生产总值的比重	0.793	0.821	0.8042	9
X_5	水力发电量	0.713	0.778	0.739	15
X_6	规模以上工业企业发电总量	0.793	0.761	0.7802	14
X_7	规模以上工业企业焦炭产量	0.774	0.947	0.8432	5
X_8	第二产业增加值占 GDP 比重	0.777	0.787	0.781	13
X_9	人均碳排放量	0.782	0.865	0.8152	7
X_{10}	CO_2 排放总量	0.795	0.979	0.8686	2
X_{11}	城市森林覆盖率	0.789	0.943	0.8506	4
X_{12}	造林总面积	0.782	0.923	0.8384	6
X_{13}	一般工业固体废物综合利用率	0.772	0.987	0.858	3
X_{14}	生活垃圾无害化处理率	0.78	0.787	0.7828	12
X_{15}	发明专利申请授权量	0.744	0.881	0.7988	10
X_{16}	工业污染治理完成投资额	0.69	0.989	0.8096	8

5.4 结果分析

5.4.1 综合评价

根据 GRA&AHP 相结合的方法，对低碳经济发展评价指标体系及各指标值运用加权综合法计算出省域低碳经济发展指数及影响因素。由于低碳经济评价是一个动态过程，评价体系随着不同时期的改变而权重系数有所不同，因此本研究选取了近 5 年比较具有代表性的省域的数据作为样本。将两种方法的权重进行加权平均，得到每个指标的综合评价权重，能够确保评估结果的科学性和合理性。通过对省域的低碳经济综合评价与测度综合权重进行排序，可以得出各省在低碳经济发展中的相对位置。R&D 经费投入强度位列第一，说明科技创新投入对于低碳经济的发展至关重要。因此，政府在制定相关政策时，可以更加重视增加科技投入，鼓励企业和研究机构研发并实施低碳技术。二氧化碳排放量和一般工业固体废物综合利用率也位居前列，凸显了环境保护政策的重要性。政策方向应聚焦减少污染物排放并鼓励资源循环利用，推动低碳技术的推广。综合权重较高的指标不仅在环境保护方面表现出重要地位，而且对于其受到重视的省份在经济发展方面也取得了一定的成绩。由此可见，低碳经济不仅是环境保护的必然需要，也是经济可持续发展的重要途径。例如城市森林覆盖率较高的国家不仅受益于环境美化和空气质量两个方面，而且吸引了更多的绿色投资和生态旅游资源。R&D 投入的强度和大量的专利申请反映了技术创新对低碳经济发展的驱动力。此外，提高城市森林覆盖率、提高工业固废管理率等管理创新，也是提高低碳经济水平的重要工具。

总的来说，设计结果也展示了较能鼓舞人心的方面，例如在年份较久远的一些关于省域低碳经济发展水平评价的文献中，生活垃圾无害化处理率对于许多省份仍然是权重很高的评价指标，然而其在本书的研究中权重偏低，说明随着我国对于低碳经济发展的重视和政策倾斜，许多省份已经不再受生活垃圾的填埋及焚烧等不当处理方式对低碳产业结构转型的困扰。我国总体处于工业化发展阶段，能源消耗量增加是必然趋势，但由于低碳经济理念的深入人心及环境保护意识的大力宣传，评价指标体系也逐渐发生了变化。例如地区生产总值增长率虽然反映了经济增长的速度，但忽略了经济增长质量和环境成本。高速增长往往伴随着能源消耗的增加和环境污染的加剧，这与低碳经济建设的目标背道而驰。其次，虽然第二产业增加值占国内生产总值的比重反映了工业化水平和产业结构，但传统产业产生的碳排放和环境污染问题日益突出。为实现可持续发展和低碳转型，各省逐步转向更清洁、更高效的生产方式，重点发展新兴产业。

5.4.2 对策建议

基于以上实证结果，我们可以找到一些促进低碳经济发展的有效途径。例如加大投入和推动低碳技术研发、优化高耗能行业的产业结构、提高清洁能源在能源消费中的比重、加强污染治理和生态修复等都是促进低碳经济发展的途径。但不同省份在这些方面的基础和条件不同，需要根据实际情况采取有针对性的对策和措施。对此，本书提出了一系列具体的对策和建议，旨在通过加强科技创新、优化产业结构、改善能源结构、加强治理环境等措施，进一步促进我国各省区低碳经济发展。

（1）加大科技创新投入，提高低碳技术研发应用的实际效益

① 加强科研开发资金支持，推动低碳技术创新。前期实证结果表明，研发投入强度对低碳经济发展具有重要作用，政府应设立专项资金，加大对低碳技术研发的投入，特别是在新能源、节能绿色技术等重点领域。多渠道筹集资金，鼓励科研机构和企业开展低碳技术自主创新和联合攻关。

② 建立低碳技术创新联盟，推动技术成果转化。建议建立国家级和区域性低碳技术创新联盟，将高校、科研院所和企业聚集在一起，打造产学研结合的创新体系，定期举办低碳技术研讨会和展览会，促进技术交流与合作，加快科技成果转化和产业化。

③ 推进低碳技术示范项目，鼓励行业技术改造。选择一批省份和行业作为低碳技术应用示范区和示范行业，开展低碳技术的集中推广应用，通过政策激励、资金补贴等方式，鼓励企业引进先进低碳技术和设备，实现技术升级和绿色转型。

（2）优化产业结构，推动高耗能行业绿色转型和高效利用

① 制定高耗能行业绿色转型，明确时限和任务。对于高耗能、高排放行业，如制造业、重工业等，应制定详细的绿色转型路线图，明确每个阶段的目标任务，通过制定严格的能效标准和排放限值，促进企业进行技术变革和产业升级。

② 推进工业循环经济，提高资源利用效率。大力推行工业循环经济模式，通过资源共享、循环利用、废物再利用等方式，提高资源利用效率。鼓励企业建立资源回收合作机制，实现废物资源化和无害化处理，减少资源消耗和环境影响。

③ 扶持战略性新兴产业，释放新的经济增长点。重点扶持新能源、新材料、节能环保等战略性新兴产业，打造新的经济增长点。通过产业政策指导和支持，推动新兴产业集聚发展，打造低碳产业集群，促进产业结构优化升级和现代化建设。

(3) 改善能源结构，推动清洁能源高效开发应用

① 制定清洁能源发展规划，促进能源多元化供给。结合各省资源禀赋和实际，制定清洁能源发展规划，明确各类清洁能源发展目标和发展路径。通过政策引导、资金支持，推动太阳能、风能、生物质能等能源多元化供给，提高清洁能源在能源结构中的比重。

② 推动能源消费革命，减少对化石能源依赖。通过节能技术改造、管理创新，开展能源消费革命，提高全社会能源使用效率。逐步减少煤炭等高污染化石能源消费比重，增加天然气、电力等清洁能源使用，促进能源消费结构优化调整。

③ 构建智慧能源系统，实现能源高效利用。大力发展智能电网、智能微电网等智慧能源系统，实现能源高效分配和利用。通过智能能源管理系统，提高能源供应的安全性和灵活性，促进清洁能源的广泛应用和高效利用。

(4) 强化环境政策，提高污染防治和环保总体水平

① 加强污染防治，促进环境质量持续改善。结合实证结果污染物排放数据，制定更加严格的污染防治措施，针对大气、水、土壤等重点污染区，实施精准管理和综合防治，改善环境质量。推广应用先进污染防治技术和设备，实现污染物达标排放。

② 推进生态修复工程，提高生态系统稳定性。加大矿山治理、河湖治理、土壤修复等投入，实施一系列重点生态修复工程，通过修复受损生态系统，提高生态环境稳定性和自我修复能力，为发展低碳经济提供良好的生态保障。

③ 构建全民参与的环境管理体系，提高全民环保意识。加强宣传和环境教育，提高全民环保意识和参与度。建立公众参与的环境监测机制，鼓励公众对环境保护和低碳经济发展进行监督和建议，通过政策引导和激励措施，推动全社会凝聚绿色发展共识，共同参与环境治理。

5.4.3 研究展望

由省域向全国,以小见大走低碳经济的发展道路必须在控制总量增长的同时提高能源综合利用效率,应加强科技创新,加大教育投资力度,通过科技进步提高资源利用效益,发展生态科技,实现低碳经济的可持续发展。通过对不同省份的低碳经济发展情况进行动态评价和分析,可以为各级政府制定科学的低碳经济发展政策提供依据,推动我国低碳经济的全面发展。该评价体系不仅对各省份当前低碳经济发展状况进行评价,而且对今后的政策调整和战略调整具有重要的参考价值。这种多维度的评价方法可以识别出各省份在发展低碳经济方面的优缺点,有助于各省制定更加准确、有效的发展战略。例如对某些省份而言,可以通过借鉴部分指标权重高的省份的成功经验,找到适合其发展的道路。

未来研究可进一步探索动态评估方法,结合实时数据与智能分析技术,对各省低碳经济发展的动态变化进行实时监测与评估。通过引入大数据和机器学习算法,可以更准确地掌握各省不同时期的低碳经济发展趋势,为及时调整和政策优化提供数据支持。这种不断完善的评估体系有助于各省及早发现问题,并调整发展战略,确保低碳经济发展道路的科学性和有效性。目前的研究主要关注经济、环境、能源消耗等指标,未来指标体系可以拓展到更多的社会、技术、生态维度,例如可以增加公众环保意识、低碳技术创新能力、生态系统服务质量等指标,综合评估低碳经济发展的全局效益。通过多维度的指标体系,可以更全面地呈现各省低碳经济发展的实际情况,识别各省在不同维度上的优势和劣势,使政策制定更加精准。低碳经济是全球性挑战,今后可进一步加强国际合作与经验分享。通过分析比较不同国家和地区低碳经济发展的经验,借鉴成功范例,可以为我国提供更多的政策参考和技术支持。特别是在低碳技术创新、能源转型、碳排放管理等领域与发达国家开展合作,可以加速我国低碳经济发展进程。

第 6 章

"双碳"目标下省域发展
低碳经济关键路径设计

当前，我国大力提倡发展新质生产力，新质生产力与绿色发展相互促进、协同共进。新质生产力是绿色发展的重要支撑，践行绿色低碳发展理念为培育发展新质生产力提供了持续动力。"绿色发展是高质量发展的底色，新质生产力本身就是绿色生产力"这一重要论断，深刻阐明了新质生产力与绿色生产力的内在联系。绿色发展是实现经济高质量发展的必然要求，保护生态环境就是保护生产力，改善生态环境就是发展生产力。要深刻理解生态环境和生产力之间的关系，坚定不移走生态优先、绿色发展之路，加快发展方式绿色转型，助力实现碳达峰碳中和目标，以绿色发展的新成效不断推动新质生产力的加快发展。

从针对我国省域进行的低碳经济的实证分析，可以看出我国省域低碳经济发展水平不平衡，发展绿色低碳产业和供应链，构建绿色低碳循环经济体系，围绕低碳经济发展关键路径设计应主要从以下两个维度六大方面进行识别设计。本章旨在解决中国各省低碳经济发展水平失衡问题，从制度设计的角度探索低碳经济发展的关键路径。基于多年来全球该领域的优秀研究成果，我们将重点关注两个层面六条设计路径。

首先，在能源消耗和供应系统层面，我们提出了清洁能源供应系统的设计，旨在促进可再生能源在能源结构中的份额增加并减少二氧化碳排放。此外，对于工业二氧化碳排放，我们研究碳捕集与封存技术的设计，以有效减少工业部门的二氧化碳排放。

其次，在低碳经济发展体系层面，我们致力于打造绿色低碳循环的经济路径，通过资源的循环利用和再利用，减少自然资源的消耗和环境负担。同时，我们也在关注以减少二氧化碳排放和减少碳吸收为目标的碳汇设计，以增加碳汇容量，实现有效减碳和碳中和的目标。具体的省域发展低碳经济关键路径设计包括以下内容。

6.1 能源消耗与供给系统设计

6.1.1 基于能源消耗与供给的清洁能源供应体系设计

在基于能源消费与供给进行清洁能源供给体系设计时，首先要深刻理解清洁能源的种类以及清洁能源在能源供给体系中的重要作用。清洁能源分为可再生能源与不可再生能源两大类，太阳能、风能、水能等可再生能源因其可持续性、对环境影响小等特点，被视为减少碳排放、提高能源安全的重要途径。相比之下，煤炭、石油等不可再生能源具有极佳的能量密度和供给安全性，碳排放量大，容易对环境产生负面影响，因此向清洁替代能源的转变正在加速中。能源消费与需求分析是清洁能源供给体系设计的重点。放眼全球，不同地区、不同国家，能源消费结构和发展阶段不同。发达国家由于工业化、城镇化发展较快，能源需求主要集中在工业生产和城镇生活，发展中国家由于经济快速增长，对清洁能源的需求不断增加。能源消费结构相对多样，涵盖农业、工业、城镇化等各个方面。在此背景下，对不同地区和国家的能源消费指标进行详细的数据分析和预测，可以提供有效的清洁能源供应政策和技术，以实现可持续发展和环境保护的双重目标。

　　清洁能源供应技术的选择并加以实施是清洁能源供应系统设计的重要步骤。目前，太阳能和风能技术是最成熟和应用最广泛的清洁能源技术。光伏技术将太阳辐射转化为电能，不仅适用于大型集中式发电项目，也广泛应用于分散式能源系统，以满足日益增长的能源需求。风能技术是大型风电场建设的重要元素，因为它利用风能旋转风力涡轮机的叶片，产生机械能，然后通过发电机转换为电能。此外，水电、地热能和生物质能等清洁能源技术也得到不同程度的应用，由于其发展潜力和可持续性，为未来清洁能源供应系统的设计提供了众多技术机会。想要实现"双碳"目标，需大幅增加零碳能源和可再生能源供给水平。围绕碳中和目标着力构建"双端发力"体系：遵循"四个革命，一个合作"能源安全战略，立足能源禀赋，发挥区位优势，持续推动能源发展质量、效率和动力变革，强化煤炭总量控制，推动清洁能源发展战略，推广应用天然气使用，提高电网智能化水平，优化能源供给结构。

　　① 能源供应端。清洁低碳是构建新型电力系统的核心目标。新型电力系统中，非化石能源发电将逐步转变为装机主体和电量主体，核、水、风、光、储等多种清洁能源协同互补发展，化石能源发电装机及发电量占比下降的同时，在新型低碳零碳负碳技术的引领下，电力系统碳排放总量逐步达到"双碳"目标要求。各行业先进电气化技术及装备发展水平取得突破，使得电能替代在工业、交通、建筑等领域得到较为充分的发展。电能逐步成为终端能源消费的主体，助力终端能源消费的低碳化转型。绿电消费激励约束机制逐步完善，绿电、绿证交易规模持续扩大，以市场化方式发现绿色电力的环境价值。

尽可能用非碳能源替代化石能源发电、制氢，构建"新型绿电供应系统"。

② 能源消费端。实现电力、氢能、地热、太阳能等非碳能源对化石能源消费的替代。推动风电、太阳能发电大规模开发和高质量发展，充分发挥各省域未利用土地资源优势。鼓励生物质发电、生物质清洁供暖、生物天然气等生物质能多元化发展。

③ 氢能源开发与利用。氢能源作为清洁能源的重要组成部分，具有广阔的发展前景。在氢能开发利用方面，加强研究和技术创新，提高氢能生产、储存、运输和利用的技术水平。同时，未来还应建设更多的氢能基础设施，包括氢能生产设施、氢气管道和加氢站等，以满足不同领域的需求，推动氢能在交通、工业和居民生活中的广泛应用。同时，氢能作为一种高效的媒介，可以将可再生能源变成可储存的氢能，进而促进可再生能源大规模的整合和消纳。促进新型储能技术多元化发展态势。围绕"绿色氢能产业链"与"氢能创新服务链"持续发力，产业为基、耦合创新，在发展战略新产业上积蓄绿色势能。

④ 地热能开发利用。地热能作为一种清洁可再生能源，具有稳定性和可持续性，适用于供热、发电等领域。在地热能开发利用方面，可加强勘查工作，发现更多地热资源，同时优化地热能开发利用技术，提高地热能开采效率和利用效益。此外，相关部门加强地热能示范工程建设，推进地热能在城乡采暖、温室种植等领域的应用，为地热能的可持续发展作出贡献。

6.1.2 基于减少工业碳排放的碳捕获碳储存路径设计

减少工业碳排放是实现清洁能源供应体系的关键一环。碳捕获和碳储存（CCS）是一种减少工业碳排放的重要技术。

① 碳捕获技术。选择碳捕获技术时，必须考虑其技术成熟度、能耗、成本效益以及对生产过程的影响。在工业过程中，采用碳捕获技术，将二氧化碳（CO_2）从烟气中分离出来。常见的碳捕获技术包括化学吸收、物理吸收和膜分离等。选择适合工业过程的碳捕获技术，并进行工程设计和实施。

② 碳储存技术。将捕获到的 CO_2 安全地储存起来是关键。目前，主要的碳储存技术包括地下储存（如地下水层和地质盖层）和利用 CO_2 进行碳酸化（如生产碳酸饮料和碳酸化岩石）。碳酸化作用将 CO_2 转化为稳定的碳酸盐，可用于工业利用或地质固碳等许多领域；地下储存依赖于地质构造的稳定性和适宜性，将 CO_2 永久储存在地下，以降低其在大气中的浓度。选择适合的碳

储存技术，并进行工程设计和实施。

以下是基于减少工业碳排放的碳捕获碳储存路径设计的建议。

(1) 针对可再生能源配额制的实施

① 考虑到不同省域地区的光伏发电及风力发电潜力及设施安排，可以按照省域不同的区域，分别执行可再生能源配额的比例，最大限度地发挥可再生能源的利用效益。我国对于清洁能源发展以《国家发展改革委国家能源局关于积极推进电力市场化交易，进一步完善交易机制的通知》（发改运行〔2018〕1027号）指出"抓紧建立清洁能源配额制，地方政府承担配额制落实主体责任"。将省级政府列入可再生能源电力配额制的责任框架，设计强有力的考核机制并加强执行。配额指标设定一方面要考虑地区经济发展水平，另一方面也要考虑资源禀赋等实际情况。如四川、云南、西藏等西部省（自治区、市），可再生能源电量占比超过80%，远高于东部省（自治区、市）。因此，最终确定的配额指标不一定东部地区高于西部地区。

② 为避免盲目投资政府须充分进行规划调研，政府在规划研究阶段应充分考虑可再生能源的可持续性和市场需求，制定具体的弃电率政策，承诺地区光伏发电和风力发电限电率，利用倒逼机制做好地区可再生能源电力规划与科学布局。

③ 可再生能源配额制与绿证交易在推行之初可以采取先行试点，逐步积累经验。通过在部分地区试点推广应用。降低了政策执行的风险，并为全面推出奠定了基础。

④ 为了保证配额制的有效实施，从法律、政策层面上建立完整的考核办法，制定配额制考核方式，并设计相关处罚与激励措施。

⑤ 可再生能源配额制、绿证交易制度推行时，须结合新电改，兼顾行政手段、市场分配手段，建立完善的市场机制和监管体系。

(2) 针对碳排放权交易制度的实施

① 尽快颁布碳排放权交易相关法律与制度以健全市场监管。我国目前还没有真正意义上全面规范我国碳排放权交易市场的法律、行政法规和司法解释。

2021生态环境部先后颁布了《碳排放权交易管理办法（试行）》及关于碳排放权交易的登记、交易、结算三大试行管理规则。这对全国碳排放权交易市场的注册登记交易制度和交易制度的构建提供了方向和保障，标志着全国碳市场首个履约周期正式启动。但全国尚未颁布统一的法律规范，现行部分为地方性政府的规章，例如《北京市碳排放权交易管理办法（试行）》《上海市碳排放管理试行办法》《广东省碳排放管理试行办法》《深圳市碳排放权交易管理暂行办法》等。

一方面是法律制度完善的实施路径亟待明确；另一方面是法律制度的框架和内容有待完善。主要核心内容如下。

a. 碳排放权的产权属性保障尚未明确；

b. 碳排放额度的分配方式，例如对碳排放权的定价、碳排放权的抵押、质押、税务计算规则、权利救济等内容，用于保证碳价稳定、保障碳排放权的产权、保障碳排放权交易参与者的正当权益；

c. 对涉及碳排放权交易合同内容的全面规定。

② 国家统一碳市场初级阶段要抓大抓强，对电力、钢铁、有色、水泥、化工等高耗能高排放重点产业进行强制性整合，促进碳交易平稳发展。

③ 总量设置与配额结构设计应兼顾经济增长、技术进步与减排目标以及设计事后调整机制等。

④ 碳市场碳排放配额分配宜采取免费分配方式，拍卖比例随碳市场的发展而逐渐提高，这有助于激发投资者投资积极性。将碳减排目标要求直接分解到企业，使企业成为减碳的主体，实现对第一大碳排放重点行业（电力行业）的碳排放有效控制；碳市场为企业履行减碳责任提供了更灵活的选择，降低了行业和全社会的减碳成本，随着覆盖行业范围不断扩大，碳排放资源在不同行业间优化配置，将最终实现总减排成本最小。

⑤ 规定交易期间配额可以持有一定时间，这有助于推动碳市场流动性和合理价格的形成；同时，推动市场参与者多元化、交易品种多样化（例如期货、期权和其他配额衍生品）；此外，强化对控排企业碳资产管理的培训力度，对违约企业进行严厉处罚。

(3) 针对工业区碳排放监测与控制措施

① 建立全面的碳排放监测网络，包括传感器、监测点等设施，对工业区的碳排放进行实时监测。

② 对监测数据进行系统分析和评估，识别排放高峰期和高排放点，为制定控制策略提供科学依据。

③ 制定工业企业碳排放控制政策，包括限制排放总量以及实行排放许可证制度，以促进企业积极减排。

④ 提供技术指导和支持，促进工业企业采用低碳生产工艺和清洁能源，降低碳排放水平。

⑤ 加强对碳排放控制政策的执法监督，建立激励企业减排的奖惩机制，对违规行为进行处罚，确保减排目标的实现。

6.1.3 基于减少交通运输业碳排放布局新能源交通工具路径设计

(1) 探讨新能源交通工具在减少碳排放中的潜力和作用

交通运输业是推动绿色低碳可持续发展，实现碳达峰碳中和的关键领域和关键行业。然而，汽车、飞机、轮船等传统的燃油驱动交通工具在提高人类交通运输效率的同时，也带来了严重的环境问题，特别是大量二氧化碳排放等温室气体的释放。根据国际能源署的统计，全球交通运输业每年约占全球二氧化碳排放总量的25%，造成全球气候变暖和气候变化。因此为有效应对气候变化和环境污染的挑战，亟待采取切实措施减少交通运输领域的碳排放。在此背景下，新能源汽车作为创新技术和可持续发展的重要组成部分，具有巨大的潜力和市场前景。电动汽车、氢燃料电池汽车、混合动力汽车等新能源技术的快速发展和广泛应用，为实现低碳交通创造了新的机遇和解决方案。这些新技术不仅能大幅降低燃油消耗和尾气排放、改善城市空气质量，还能推动能源结构向清洁可再生能源转变，从而为全球环境保护和应对气候变化作出贡献。但要实现新能源汽车在全球范围内的推广和广泛应用，还面临诸多挑战和障碍，如成本高、技术标准和充电基础设施建设仍是阻碍发展的主要因素。除了技术创新和市场推动外，政策支持和国际合作尤为重要。目前我国在持续推动交通运输业的绿色低碳转型，着重调整运输行业，大力推广新能源汽车等交通工具的使用，取得了积极成效。

(2) 现有新能源交通工具技术综述

① 各类新能源交通工具的定义与分类。新能源汽车是指使用非传统燃料或改进传统燃料使用的汽车，主要目标是减少对传统化石能源的依赖，减少污染。

由于能源来源和技术特点不同，可分为以下几类。电动汽车（EV）完全由电池驱动，包括纯电动汽车和插电式混合动力汽车（PHEV）；氢燃料电池汽车（FCEV）利用氢气和氧气在燃料电池中产生电能，为电动机提供动力；混合动力汽车（HEV）同时使用内燃机和电动机为车辆提供动力，通过能量回收和储存实现节能减排的汽车；其他新能源技术包括压缩天然气（CNG）汽车、液化天然气（LNG）汽车、太阳能汽车等。

② 新型传统能源技术特点及发展现状。电动汽车（EV）随着电池技术的进步和成本的下降，市场份额正在逐步提高，特点包括零排放、无噪声、维护成本低，但充电基础设施和电池寿命仍是发展的瓶颈；氢燃料电池汽车（FCEV）具有续航里程长、加氢速度快的特点，但目前生产、储存和氢气供应链建设面临挑战，成本高是主要限制因素；混合动力汽车（HEV）结合内燃机和电动机优点，逐步向PHEV和EV过渡的过渡技术。

(3) 基于减少交通运输业碳排放布局新能源交通工具路径设计

为了推动交通行业实现碳减排，我国一方面要大力推广新能源汽车，让交通行业实现全面电动化；另一方面要尽量减少传统燃油车的能耗，用清洁能源代替传统的柴油、汽油，减少汽车行驶过程中的碳排放。促进交通运输业实现碳减排目标，我国应采取一系列措施。一是大力推广新能源汽车，加大政策支持和资金投入，鼓励消费者购买电动汽车，推动交通工具全面电气化。其次，通过技术改造和燃料升级，优化传统燃油汽车的能耗，提高其能源利用效率，减少碳排放。同时，积极推动生物燃料、氢燃料和天然气等清洁能源在交通运输领域的应用，替代传统的柴油和汽油，进一步降低碳排放水平。此外，还应加强交通管理和规划，优化交通网络布局，减少拥堵，提高车辆运行效率，从而减少碳排放。最后，建立碳排放权交易市场，引导交通运输企业采取减排措施，促进交通运输行业的低碳发展。综上所述，通过布局新能源交通的路径设计，中国将有效减少交通运输行业的碳排放，为可持续发展作出贡献。

① 大力推广电动汽车、混合动力汽车、燃料电池汽车等新能源交通工具，减少传统燃油车的使用。推动城市公共服务及货运配送车辆电动化替代，提高城市公交、出租车、城市配送、邮政快递、机场转运、铁路货场等电动新能源运输工具的比例。大力推广节能及新能源汽车，增加电动车充电桩的覆盖率，确保新能源交通工具的充电便捷性，研究制定补贴政策，推动城市公共服务及货运配送车辆电动化替代。逐步降低传统燃油汽车占比，促进私家车电动化。

② 有序发展氢燃料电池汽车。增加氢燃料加氢站的覆盖率，确保氢燃料车辆的加氢便捷性。在城市、高速公路和主要交通干道上建设加氢站。投资氢燃料电池技术的研发，以提高燃料电池的效率并降低成本。技术创新对推广氢燃料电池车辆至关重要。稳步推动电力、氢燃料车辆对燃油商用、专用等车辆的替代。

③ 全面实施重型柴油车国六排放标准、非道路移动柴油机械国四排放标准。基本淘汰国三及以下排放标准的柴油和燃气汽车。为了促进交通运输业实现碳减排目标，我国采取了一系列措施。一是积极推广新能源汽车，全面实施重型柴油车国六排放标准和非道路移动柴油机械国四排放标准，逐步淘汰国三及以下排放标准的柴油和燃气汽车，大幅降低碳排放量。其次，致力于减少传统燃油汽车的使用量，推广清洁能源替代传统柴油和汽油，有效降低车辆运行中的碳排放。这些举措不仅为我国交通运输业的可持续发展注入了新的动力，也为全球碳减排作出了重要贡献。

(4) 可持续发展目标下的交通运输行业的新能源应用前景

在技术的不断进步下，未来新能源技术将在交通领域开拓更大的发展空间并表现出更高的应用水平。电动汽车有望继续成为主流选择，电池技术的进步不仅意味着更快的充电速度，也将带来更长的续航里程，智能技术将进一步提高电动汽车的性能。氢燃料电池汽车商业化进程将逐步加快，关键是提高氢能生产、储存和分配的效率，降低燃料电池系统的成本。而混合动力汽车作为过渡技术，依旧会继续在市场中占据一席之地，其在节能减排方面的优势将推动市场份额的增长。各国将更加重视可持续发展目标，交通运输行业也将积极应对，通过推广新能源汽车、执行严格的排放标准，交通运输行业将逐步减少碳排放，新能源技术的综合应用将推动能源结构向清洁和可再生能源转变，减少对传统石油和天然气的依赖，提高能源效率。推广电气化和清洁能源将改善城市空气质量，减少雾霾污染对公众健康的影响。综上所述，交通领域新能源技术未来发展趋势将集中在技术创新、政策支持和市场需求上，为可持续发展目标的实现提供重要支撑，为全球碳减排注入新的希望。

6.2 低碳经济发展系统设计

6.2.1 基于回收利用的绿色低碳循环经济路径设计

回收利用是构建绿色低碳循环经济的主要战略之一，其核心是资源的可持续利用，将废物转化为资源，实现循环利用的效益。事实上，不断发展回收技术的方法是推动绿色低碳循环经济的关键，通过废物分类、资源化利用等先进的回收处理技术对废物进行了高效处理。例如利用先进的生物降解技术，将有机废弃物转化为生物肥料和生物能源，从而减少对土地和水资源的污染；建设绿色低碳循环经济应遵循跨行业、跨部门的资源循环利用原则，通过行业合作、资源共享实现资源高效利用，实现循环利用效益最大化。大量案例研究表明，有效的政策支持可以为所有行业带来显著的经济效益。与此同时，监管支持也是推动绿色低碳循环经济发展最重要的保障。各级政府应运用更加全面有效的工具，包括财政支持、税收优惠、技术创新等多种政策工具，推动资源循环利用和环境保护的循环经济政策。总之，在设计绿色低碳循环经济时，回收策略不仅是提高资源利用效率、减少环境影响的重要工具，而且有助于经济社会可持续发展，也是推动世界绿色转型的重要渠道之一。通过跨境合作和创新技术的运用，我们可以为未来经济增长和环境保护开辟新的发展前景。而在追求低碳经济的同时，保证生态系统的健康和生态平衡至关重要。为实现绿色低碳循环发展提供良好的生态是一项复杂的任务，涉及多方面的策略和行动。

（1）为绿色低碳循环发展提供良好的生态保障

良好的生态环境是人与社会持续发展的基础，通过合理规划城市发展，植树造林，持续改善生态环境质量，为绿色低碳循环发展提供良好的生态保障。要提供生态保障，首先需要建立有效的生态环境监测和评估。同时，建立生态保护区和自然保护区，保证自然生态系统不被破坏。这包括对空气质量、水质、土壤健康和生物机制等生态系统关键要素的监测。通过定期评估和报告政府，企业可以了解生态系统的状况，及时采取行动。在绿色低碳循环发展下，推广低碳基础设施和技术，需要利用太阳能、风能、水能、生物质能来替代传统化石燃料的清洁能源，提高节能照明、高效供暖、制冷系统的能源效率，以减少能源消耗。通过将二氧化碳从工业排放源捕获并储存在地下，以减少大气中的碳排放。这些技术都有助于减少对有害环境的依赖，降低碳排放，同时减少对生态系统的负面影响。

（2）健全绿色低碳循环发展的生产体系

绿色制造是从源头减少碳排放的重要手段，通过调整产业结构，推动工业领域高质量发展，大力发展以旅游业为代表的第三产业，健全绿色低碳循环发展的生产体系，从源头上减少碳排放，推动绿色低碳循环发展。为了维护生态系统的健康，需要采取措施保护和恢复受损的生态环境，包括树木的重新植栽、湿地的恢复、野生动植物的保护等。企业应采用持续改进的方法，不断寻求降低碳排放、减少资源消耗和提高生产效率的机会。获得相关的环保认证，如 ISO 14001 环境管理体系认证，证明企业的绿色承诺，同时增强其可持续性。鼓励企业采用清洁能源，如太阳能、风能和生物质能源，以减少碳排放。购买可再生能源证书或在生产过程中自行生产可再生能源都是降低能源消耗和碳足迹的有效方式。产品设计应考虑资源利用、能源效率和生命周期分析。优化设计可以减少材料和能源消耗，延长产品使用寿命，降低资源浪费。

(3) 健全绿色低碳循环发展的流通体系

绿色低碳循环发展的流通体系已成为高质量发展的重要保证，通过构建绿色交通系统，发展绿色物流，加强再生资源回收利用，健全绿色低碳循环发展的流通体系，为绿色低碳循环发展提供重要依托。建立绿色供应链和采购政策，确保供应商也能遵守绿色标准和原则。这有助于推动整个供应链的持续性，并减少环境影响。

(4) 健全绿色低碳循环发展的技术创新体系

技术创新是在生态环境容量和资源承载力有限的条件下实现绿色低碳循环发展的根本途径，通过大力推进科技创新，加强绿色低碳技术攻关，健全绿色低碳循环发展的技术创新体系，为绿色低碳循环发展提供支撑。在生产中，绿色设计原则至关重要，应鼓励绿色产品创新。企业可以不断寻求新的绿色材料和技术，生产更环保的产品。

基于回收利用的绿色低碳循环经济路径设计，绿色低碳循环经济是低碳经济发展的重要路径之一。它通过提高资源利用效率和减少废弃物排放，实现资源的循环利用和能源的节约利用。绿色低碳循环经济的设计需要考虑以下几个方面。

① 推广清洁生产技术和产品。企业应积极推动技术创新和产品升级，研究和开发新的清洁能源生产技术和产品，提高能源利用效率和降低碳排放。例如企业可以采用清洁能源替代传统能源，推广节能产品和服务，优化生产流程等。

② 加强废弃物处理和资源回收利用。企业应加强废弃物分类和处理，推广废弃物资源化利用。

③ 发展循环经济产业链。建立高效的垃圾分类和回收系统，将废弃物重新引入生产循环中。企业应加强产业链的协同和整合，实现资源的循环利用和能源的节约利用。同时，政府可以通过建立循环经济产业链的政策和法规，提

供政策支持和经济激励。

6.2.2 基于节能提效的低碳社会系统路径设计

在低碳社会建设中节能提效被视为一项重要战略，其理论基础深深根植于资源管理、环境保护的基本理念。节能的核心是通过技术进步降低能源消耗、提高资源利用效率，既是对日益严重的能源短缺的现实挑战的回应，也是对未来可持续发展战略的应对。能源效率作为评价节能效果的标杆，关注的是在同样的资源使用条件下，能否获得更多的产出。高能源效率不仅体现在工业生产和日常生活中，还体现在如何通过管理优化，实现环保经济发展有利局面。因此节能提效不仅仅是技术改进，更是优化整个社会经济系统的战略选择。节能提效在建设低碳社会中的重要性不言而喻，通过减少资源消耗，节能提效除了有助于实现环境保护目标，还可以促进经济可持续发展。随着全球气候变化的加剧，理解和运用节能减排和提高能效的理论基础将成为政府、企业和社会组织合作面临的重大挑战。

基于节能提效的低碳社会系统路径设计是实现低碳循环发展的关键策略之一。通过提高能源效率、采用可再生能源、实施碳中和碳抵消、资源循环利用、持续改进和绿色供应链提高管理措施，企业和政府可以为减少碳排放、维持环境可持续性和推动可持续发展作出贡献。这条路径的设计不仅有利于降低碳排放，还为企业的竞争力和可持续发展作出了贡献，为未来的可持续发展铺平了道路。总体上，节能减排既是技术创新的结果，也是可持续发展理念的运用。只有深刻理解理论基础并在全社会推广和落实，才能真正实现由高能耗、高排放向绿色低碳发展的转变。因此，鼓励并支持这一策略的实施是当务之急。

(1) 节能提效与低碳社会系统

在低碳社会系统路径设计中，节能提效的作用不可忽视。优化能源使用效率有助于企业和组织减少能源需求，进而实现碳排放的减少。这包括能源生产技术、优化生产流程、减少资源浪费，以及实施智能能源管理系统等。这些举措不仅有助于降低碳排放，还可以提高企业的竞争力和降低能源成本。

(2) 可再生能源的采用

节能提效策略的另一个关键是采用可再生能源。太阳能、风能、水能和生物质能源等可再生能源不仅具有较低的碳排放，还有利于减少对化石燃料的依赖。企业可以积极投资和采用这些清洁能源，如利用太阳能发电、安装风力发电设备或开发水电项目。通过这些措施，企业可以在实现可持续发展目标的同时，有效减少碳排放。

(3) 碳中和和碳抵消

碳中和和碳抵消是实现碳汇的关键。企业可以采取中和措施，购买碳抵消证书，如碳种植项目和支持碳排放削减项目，以调整其前期的碳排放。这些举措有助于实现碳平衡，减少企业的净碳排放。

(4) 实现基于节能提效的低碳社会系统路径设计需要不断地改进和监测

企业应定期审查其能源效率措施，寻求更多的机会，并采取适当的修正措施。碳管理系统可以帮助企业追踪报告和监测碳排放，同时设定碳排放目标，以确保改进持续。

(5) 建立完善的绿色供应链管理

绿色供应链管理是低碳社会系统路径设计的另一个重要方面。企业应制定可持续供应链战略，确定长期目标，选择合规、可持续的供应商。此外，优化物流、减少货物运输里程、采用低碳运输也是必要的措施。这些措施有助于建立可持续的供应链体系，减少公司的环境足迹，并进一步减少碳排放。

制定可持续供应链策略，确定组织在可持续供应链管理中的长期目标，包括降低碳排放、减少废物、资源节约等。明确和传达组织对环境和社会责任的承诺，以确保员工、供应商和利益相关者明白其可持续目标。选择合规可持续发展的供应商，与供应商建立合作关系，鼓励他们采取可持续的实践，如减少能源消耗、采用可再生能源等。优化物流，减少货物运输的里程和使用低碳交通工具。企业应与供应商合作，确保整个供应链符合环保标准和实践。以减少碳排放和资源浪费的绿色供应链管理有助于建立可持续的供应链系统，减少企业的环境足迹。

6.2.3 基于碳减排碳吸纳的碳汇路径设计

当前全球气候变化日益严峻的背景下，减少碳排放、增加碳吸收已成为全球共同努力的重要课题。随着气候变化对人类社会、生态系统和经济建设的严重影响日益显现，迫切需要采取行动减缓气候变化的速度，适应其不可避免的影响。在此背景下，碳汇路径设计作为一种综合性的气候变化应对策略备受关注。通过减少碳排放和增加碳吸收、碳汇路径设计旨在实现净碳中和，从而为在全球范围内建设低碳、绿色社会和生态环境作出积极贡献。实施这一战略，不仅有助于减缓气候变化的影响，而且有利于推动可持续发展目标的实现，促进人类社会的繁荣与进步。因此，加强碳汇路径设计的研究与实践，已成为当前全球应对气候变化挑战中的重中之重。碳汇作为应对气候变化的重要战略，不仅关系到生态系统的稳定，还关系到经济的可持续性。在碳汇、生态系统保护方面，合理的土地利用以及先进的碳汇与储存技术显著提高了土地和植被的碳吸收能力，进一步缓解了气候变化的影响，可以缓解生态系统的恢复力。碳汇综合设计不仅注重政策落实，更注重不同部门的合作乃至全社会的参与。可以建立强有力的制度框架，通过政策监管支持鼓励企业和社会各界参与碳汇工作，就有希望共同促进碳汇技术的创新，未来投入市场化应用。

未来的方向是建立全球统一的行动与合作机制，有效应对气候变化带来的复杂挑战。技术创新、政策协调和国际合作是设计碳汇路径的关键。我们必须不断探索和鼓励新的思维方式，以建设更加和谐和可持续的未来。

(1) 碳减排措施

在减少碳排放方面，可以采取一系列措施来减少碳排放。一是推广清洁能源，如太阳能、风能、水能等可再生能源，替代传统化石燃料。二是通过技术改进和节能措施，提高能源效率，降低能耗，减少碳排放。此外，加强工业和交通运输的排放控制，制定严格的环保政策和标准，也是减排的重要途径；倡导低碳生活方式，减少个人和家庭的碳足迹，也是促进碳减排的有效手段。

(2) 碳吸收措施

在碳吸收方面，可以通过增加碳汇（如森林、湿地等）的面积和密度，并利用碳捕获和储存技术来增加碳吸收。一是加强生态系统保护与修复，保护森林、湿地、草原等现有生态系统，提高其碳吸收能力。二是推进森林更新造林工程，通过人工植树造林、自然恢复等方式，增加森林覆盖率，增加碳吸收。此外，碳捕集与封存技术可用于捕集和封存工业排放的二氧化碳气体，防止其进入大气，从而实现净碳中和。

(3) 推动碳交易

建立碳交易市场，有利于企业降低碳排放损失，同时鼓励企业通过减排措施获得碳减排配额，促进碳排放的发展。促进碳交易的可持续发展，需要政府加强碳排放监管和限额设定，促进碳交易市场的形成和健康发展。此外，政府可以采取措施鼓励企业参与碳交易，如提供碳排放配额和资金支持等。企业应积极参与碳交易市场，通过购买碳排放配额或实施减排项目等方式减少碳排放。同时，国际合作和公众教育也是推动碳交易的重要因素。政府可以制定碳排放权交易制度和相关法规促进碳市场的发展和运作。

(4) 构建可持续的碳汇路径

构建可持续的碳汇路径，需要综合考虑碳减排和碳吸收两个方面，并采取协调措施。一是加强政策支持和国际合作，制定更加严格的环境政策和标准，推动全球碳市场的建立和发展，促进碳交易和碳投资。二是加强科研技术创新，完善碳减排和碳吸收技术，降低成本，提高效率。此外，要加强社会宣传教育，提高公众对碳汇路径设计的意识和参与度，营造全社会共同参与的氛围。

设计碳减排吸收碳汇路径是实现净碳中和和可持续发展的关键战略之一，对解决气候变化、推进生态文明建设具有重要意义。我们应积极行动，加强国际合作，共同推动碳汇路径设计落地。

第 7 章

我国省域发展低碳经济、实施清洁能源战略政策保障措施

培育壮大绿色生产力,还需营造绿色发展的良好社会环境。政策导向上,要持续优化支持绿色低碳发展的经济政策,发挥绿色金融的牵引作用,打造高效生态绿色产业集群。通过税收减免和财政补贴等措施,完善有利于促进绿色消费的制度政策体系和体制机制;社会层面上,要在全社会大力倡导绿色健康的生活方式,汇聚起共促绿色发展的合力。让绿色发展理念不断深入人心,进一步推动"双碳"目标下省域低碳经济目标的快速实现。

7.1 加快推进 CCS/CCUS 技术应用

中国的碳中和目标意味着中国经济发展每产生 1t 二氧化碳排放,就必须通过碳清除手段抵消掉这 1t 排放量。仅仅凭借利用清洁能源很难实现"双碳"目标。CCUS(碳捕集、利用与封存技术)是一项近几年新兴的、具有较大潜力减排 CO_2 的技术。它是指将工业生产过程中产生的二氧化碳捕集,将其储存并投入新的工业生产中进行再次循环利用。其具体分为三个环节。碳排放(C)化工、电力、钢铁等工业企业生产活动产生二氧化碳。碳捕集(C)将这些二氧化碳进行分离、提取和富集。碳再利用(U)将捕集到的二氧化碳再次应用于新的生产过程。近年来碳利用领域主要的应用方向有食品级利用、强化植物生长、油田驱油等。碳封存(S)通过技术手段将二氧化碳封存于地下或进行高压液化后封存于海底,使其与大气隔绝。

CCUS 技术与 CCS 技术不同的是 CCUS 技术增加了碳的再利用。该技术将二氧化碳捕获后进行封存和固定,通过资源化的利用实现更加彻底更加高效的碳捕获与封存。

CCUS 技术有望实现化石能源的低碳利用,被认为是应对全球气候变化、控制温室气体排放的重要技术之一,清除碳排放可依靠的手段除大力发展碳汇市场进行自然清除之外,大力推进 CCUS 技术成熟和商业化应用自然成为了实现碳中和目标的重要手段。

目前中国正处于低碳经济转型的重要时期,在碳达峰碳中和目标提出后,能源替代与工业体系减排无疑将成为重中之重,但在经济体系无法彻底脱碳的技术背景下,为实现碳中和,以 CCUS 技术为代表的降碳手段是重要选项。

近年来,我国正积极推进 CCS/CCUS 技术研发和示范项目建设。比如,吉林省成立了专业化的二氧化碳捕集封存与提高采收率（CCS-EOR）开发公司，建成了亿方级二氧化碳埋存示范基地，实现二氧化碳近零排放。2020年8月，由中国石油化工集团有限公司建设的全国最大CCUS全产业链示范基地、首个百万吨级CCUS项目——齐鲁石化-胜利油田CCUS示范工程在山东淄博投产，标志着我国CCUS产业开始进入技术示范中后段——成熟的商业化运营，也将为我国大规模开展CCUS项目建设提供更丰富的工程实践经验和技术数据。随着CCUS示范项目越来越多，未来将建成成本更低、能耗更低、安全性更高的CCUS技术体系和产业集群，减少化石能源燃烧过程中的碳排放，为碳达峰碳中和提供强有力的技术支持，为能源安全、实现可持续发展提供强有力的保障。

7.1.1 加大政府支持力度

采用CCUS技术进行减排CO_2作为一个庞大的系统工程，其研究、开发和利用以及项目的运行推进，涉及化工、发电、地质众多领域，必然需要大量的资金扶持，从而带动相关领域的科技创新。国际上CCUS技术已发展十年有余，但我国该技术还处在初期发展阶段。这是由于短期内碳市场所能够推动的碳排放配额或信用价格还远远低于利用CCUS技术清除1t二氧化碳的价格，且碳捕集步骤耗用的资金尤其高，想要建设一个CCUS项目需要耗用数亿元的资金，这无疑需要政府的大力投入和财政补贴支持。我国目前缺少相对较完善的经济激励机制，导致CCUS技术进行大规模的推广受到限制，企业间尚未能形成有效协调的合作产业链，难以盈利，这成为了我国大规模发展CCUS技术的一大阻碍。因此，我国政府应该持续加大支持力度，将CCUS纳入碳排放权交易市场，可以将碳市场配额拍卖或成为其他相关交易收益的一部分，制定减排定价机制，用于鼓励CCUS技术项目的开发，直接向CCUS技术开发商免费分配配额，让其在碳市场出售获益，都可以起到补贴和激励的效果。政府相关部门可根据各省省情制定适宜的激励与补偿机制，调动企业的积极性，实现跨企业良性合作。

制定CCUS行业规范、制度法规以及科学合理的建设、运营、监管、终止标准体系，明确和完善在役电厂及工业排放源改造的技术适用性标准、新建电厂的碳排放标准、输送管道的设计及安全标准，以及二氧化碳利用和封存的技术和工业标准。优化CCUS协同创新平台与人才队伍建设，通过

CCUS产业创新联盟、CCUS青年学者计划等平台,推动CCUS技术研发与人才培养。推动CCUS产业集群发展通过减免采油特殊收益金、对部署CCUS的电厂优先分配发电量和进行绿色电力认证等适合中国国情的政策激励手段,以及设立CCUS专项基金等方式打通CCUS产业低成本投融资渠道,同时鼓励CCUS各技术环节的利益相关方通力合作。促进形成适合中国国情的有效商业模式。

7.1.2 加强CCUS技术环境风险评价和质量管理

作为碳减排的重要技术,CCUS技术预计能在未来大规模降低我国的碳排放量。在坚持全面推进CCUS项目建设的同时,仍需要抓住机遇,从长远的角度看待问题,实现更好的发展。想要大力推动我国CCUS产业发展,资金瓶颈是短期问题,潜在环境风险是长期问题。首先碳捕获会对能源的需求增加,这在一定程度上增加了NO_x、SO_2等其他污染物的排放,增加固体废弃物及其他化学品的消耗。同时高浓度压缩过程中也可造成环境安全风险。其次,运输过程中可能造成CO_2泄漏。如果管道修建在地下,大量CO_2泄漏将导致碳酸的形成,对石灰石的分解会造成威胁。若管道建在海底,对地质或水文地质会造成一定影响。而封存所带来的环境风险最为巨大,主要体现在对人身安全和陆地、海洋生态系统的影响,对地下水造成污染,甚至可能诱发地震。

鉴于此,一方面应不断创新CCUS技术的环境风险评价方法,实施CCUS发展规划环评制度和CCUS项目环评制度,政府应要求运营商对环境进行评估,收集数据并进行整理分析上报,环评合格后才可以继续项目,以尽量减少该业务对环境和公众的影响;另一方面在CCUS项目实施过程中要把好质量关,例如对CO_2运输路线,尤其是经过居民区的管道路线进行仔细挑选,并加强泄漏检测,避免给居民埋下巨大的环境与安全隐患。同时项目需从长期可靠性的角度出发,在不同环节开展不同内容的环境影响分析,选用相应的评价方法,根据可能性和影响程度确定风险分级,严格管控,优选监测技术。监测过程中,结合指标与参数,实时跟踪评价。建立制度、标准、流程、规程,在各项工作中落实环境风险评估强化风险管理。针对可能引发的事故,编制应急预案,制定应急抢险处置程序。

7.2 完善低碳经济法制保障体系

7.2.1 完善企业节能减排政府补贴激励政策

政府可以通过采取直接补贴的方式，降低企业运行成本，提高节能减排的积极性，有效推进节能减排。对企业更新节能设备或节能技术提供直接补贴，对实现一定的节能目标或者获得相关认证的企业给予奖励。对于奖励的企业建设节能示范企业推广，展示节能企业的先进性和经济性。鼓励企业建立节能目标责任制，将节能目标分解到各个部门与岗位，并与绩效考核挂钩，加强企业内部节能宣传，提供员工节能知识宣传与节能技术培训，提高员工节能意识和参与度。同时还可以对节能减排投资项目所需的专业设备实行特别租税制度，并给予一定的税收优惠、加速折旧以及税前还贷等，能够达到降低投资风险，提高运行效率的作用。运用市场激励机制，在政府采购时优先考虑节能产品与节能服务企业。相比之下，直接节能减排补贴是最有效果的方法。同时，在相关政策的制订时，应以企业的节能减排效果为考核依据，而不是企业的节能减排投资额。这样可以更有效地衡量节能减排的效果，将补偿作用提升为激励作用。

7.2.2 建立绿色信贷金融体系

完善的金融体系是现代经济得以健康稳定运行的核心支撑。在市场经济运行机制下，任何产业的发展都无法离开经济资源的支持，而作为掌握大量资金的金融业，对于推动环保产业发展，具有举足轻重的作用。

(1) 建立政策性金融组织

充分利用其政策性金融优势，加大对环境保护、资源节约等问题相关的基础设施建设融资力度，同时扩大从事节能环保领域的高科技企业融资服务与投资服务。近几年，我国的金融体系不断深化，日趋完善。因此，对于商业银行的主渠道效果要充分利用，商业银行已成为经济发展的金融主体。因此，商业银行必然是我国发展绿色金融的"生力军"。多方面引进投资主体，创建新型绿色金融机构，将绿色产业做大做强。

(2) 建立健全信贷决策机制

按照国家产业准入和节能环保的要求，提高信贷准入门槛，提高信贷项目的环评标准，坚决将"两高一资"和节能减排不达标的企业拒之门外。对于国家大力扶持的绿色产业信贷需求，在符合贷款条件的前提下，则给予资金价格上的优惠支持。同时，评估所投项目的投资风险与环境风险，预测出环境的潜在威胁大或者已经明确环境的未来破坏程度大的项目也果断放弃。

(3) 建立绿色信贷监督约束机制

构建动态环境风险监控体系。各类银行必须通过信息披露、实地调研等方式对贷款环境及相关风险进行动态监控，以有效降低贷款风险。创新银行报表制度，建立报表约束管理方案。将各企业按照污染程度、环境风险预测水平、企业风险对银行信贷造成损失的危险系数等危机评估标准进行概括计算，根据计算结果来建立信贷资产的风险指标体系、计算权重，完善银行非现场监管报表系统，尽可能地使监管报表如实表达信贷资产面对的风险。

7.2.3 加快新能源交通工具推广更新

为进一步降低污染排放，同样应从源头注重交通工具的碳减排。传统交通工具依赖化石燃料，严重污染环境，而新能源汽车所使用的是清洁能源，可以实现零排放。加快新能源汽车工具推广更新，着力构建城市低碳公共交通运输体系，推进公交优先和便利化，倡导绿色出行。在城市公共服务领域积极倡导使用节能与新能源汽车，鼓励私人购买低排放和新能源汽车，增加新能源汽车市场占有率。积极推进天然气双燃料汽车在公交、出租和物流企业的应用，提高交通运输车辆节能节油能力，重点实施新能源汽车更新项目。

(1) 政府应鼓励高端＋低端产品并行发展

从产品端来看，新能源汽车相较燃油汽车更容易和智能网联技术相结合，产品定位可以更高，与此同时，由于去除了传统动力系统采取了电池驱动系统，一般的企业均可生产相应产品，导致新能源汽车产品容易出现低端、低价的现象。为鼓励企业积极投入新能源汽车产业，建议采取高端产品＋低端产品并行发展的策略，从城市和乡村市场同步向中间层级挤压，积极稳妥地拓展、扩大新能源汽车消费市场。

(2) 由公共服务类向私人消费类延伸

在我国，政府机关、事业单位、市政服务部门、国有企业、大型公司的车辆保有量较高，这也意味着新能源汽车在公共服务领域的机会较多，有关部门应该在此领域加强布局，鼓励新能源汽车在公共汽车、公务车、出租车、邮政车和环卫车等公共服务领域率先推广使用，使新能源交通工具的覆盖面更广，逐渐转向私人消费领域。

(3) 推动技术创新与产业升级

新能源汽车技术的发展和突破是产业发展的关键，聚焦新能源汽车电池、电机、电控等核心领域，支持新能源汽车企业与高校、科研机构开展联合研发，推动关键技术突破和创新，提升新能源汽车的节能性与安全性，降低制造成本，加强新能源汽车产业链上下游企业协同合作，带动相关产业的发展创新，推动整车制造、汽车零部件、充电设施等产业延伸和拓展，推动产业升级。

(4) 推广激励措施建议

① 财税直接激励。目前，新能源汽车私人消费市场价格敏感度较高。直接的财税政策激励依然是最有效的推广方式，可以直接削减消费者购车支出，降低购车成本，快速提升消费者的购买意愿。因此，建议在购车补贴（国家补贴、地方补贴）逐步取消后，各地政府或有关企业可以采取"以奖代补"或其他经费津贴的方式继续支持新能源汽车推广应用，在购买和使用端，打消或降低消费者的迟疑或忧虑。如减免充电服务费（商用车领域尤其明显）、提高二手车置换残值、减免维护费用、建设充电设施网络等。

② 使用环节激励。除直接财政补贴外，建议有关部门在使用环节予以支持。除购置成本及车辆性能外，使用环节的成本和便捷程度也是消费者关注的重要因素之一，使购买新能源汽车的消费者拥有更便捷的使用与更好的体验，有助于新能源汽车的普及。使用环节可采取的措施包括以下几种。

a. 个人使用杂费减免，公共停车场停车费用减免、牌照工本费减免；b. 可以分区域使用公交车道；c. 高速公路通行费减免；d. 提升充电便利性；e. 对车队的运营提供费用减免或津贴支持。让消费者在购车后，能够享受到和传统车不同的待遇，提升购车积极性。从而促进低碳经济的发展、"十四五"新能源交通工具目标更快地达成。

新能源交通工具的推广对于实现"双碳"目标具有重要意义，可以提升公众对环保和可持续发展的认识和理念，促进各方积极参与节能减排行动，培养绿色出行和低碳生活的行为意识，为构建更加绿色、清洁、可持续发展的社会而努力。

7.3 合理调整优化产业结构

我国产业结构近年来正在经历快速的转型升级，向高质量发展迈进，合理调整优化能源结构，以清洁能源替代化石燃料，通过技术创新和产业升级提升清洁能源利用效率，使清洁能源成为经济高质量发展的重要力量。重视碳汇价值，碳汇价值对于生态系统的健康稳定有着重要意义，利用碳汇发展推动经济增长，将碳汇的生态价值转换为经济价值，促进绿色产业的发展和转型升级。

7.3.1 调整优化能源结构、增加清洁能源比重

当前，国际环境和全球能源格局、体系深刻变革，我国能源发展和安全保障面临新挑战。能源安全事关发展安全、国家安全，须以保障安全为前提加快建设新型能源体系，着力提高能源自主供给能力，调整优化能源结构，增加清洁能源比重，以创新为动力推动清洁能源领域前沿的技术发展。

随着国家煤、石油、天然气的不断消耗，太阳能、海洋能、地热能、风能等可再生的清洁能源将成为一种重要能源。有效利用清洁能源发挥风、光、水资源富集优势，减少化石燃料的使用，对改善空气质量起到至关重要的作用。

(1) 加快清洁低碳能源技术攻关和推广应用

根据我国地理优势与天然资源优势，继续大力发展风电、水电。建设生态友好和经济优越的大型风电、光伏基地项目，统筹推进水风光综合基地一体化开发，因地制宜发展生物质能，探索深化海洋能、地热能开发利用。推进零碳电力技术创新，重点突破可再生能源发电、规模化储能、先进输配电等关键技术，积极推动储能、氢能、能源互联网等技术迭代应用。推进高碳行业零碳流程重塑，着力强化低碳燃料与原料替代、过程智能调控、余热余能高效利用等研究，持续挖掘节能减排潜力。聚焦碳捕集利用与封存技术，并在钢铁、发电、建材等重点行业推广应用。推广产业园区能源阶梯利用等节能低碳技术。

(2) 调整煤炭消费占比

根据国家碳达峰碳中和的发展规划，未来将逐步降低煤炭使用占比，加大清洁能源使用量，这是国家大势所趋，因此，为了适应国家发展战略，提升人民幸福感，因此，未来能源结构优化最主要方向就是逐步降低煤炭使用占比。而在此过程中，必然会涉及能源产业的优化升级以及落后淘汰现象的发生，以及受制于北方地区冬季供暖时间较长以及传统老工业比重较大的影响，降低煤炭资源使用量相比于南方发达省份压力要大得多，因此，单纯地依靠市场为主体进行能源的优化发展远远满足不了 2030 年实现碳达峰的宏观目标。未来在降低煤炭使用占比的过程中要在以市场为主的基础上，需要加大政府的宏观调控，以积极的政策为指导，积极引导企业加大科技投入，提高煤炭利用效率，引导落后产能企业加快实现重组，积极适应时代发展趋势，加快企业转型升级，在企业转型发展中涉及员工再就业问题政府要积极做好妥善处置，避免因企业重组以及能源结构调整产生的失业问题。

7.3.2 重视碳汇价值、推动碳汇发展

(1) 构建碳汇价值实现机制

① 林业碳汇积极参与国内外碳交易市场。随着我国"双碳"战略的持续推进，碳资源成为高排放企业争夺的焦点。在碳交易市场快速发展的背景之下，林业碳汇指森林植物吸收大气中的二氧化碳并将其固定在植被或土壤中，林业碳汇利用森林储碳功能，通过植树造林等方式获得储碳增量，实现负排放，可以直接降低二氧化碳排放量。相对于其他碳捕捉技术，林业碳汇具有成本低、便于实施等优势，前景广阔。林业碳汇在碳交易市场中扮演着越来越重要的角色。

林业资源较为丰富，潜在符合上市交易条件的林地面积达 600 万公顷以上，参照试点省份平均交易价格，碳减排交易潜力每年可达 6 亿～8 亿元。目前在林业碳汇方面已经取得了一些进展。在此过程中，还应积极参与我国的核证减排机制（CCER）林业碳汇项目、国际上的清洁发展机制（CDM）林业碳汇项目、林业自愿碳减排标准（VCS）项目和黄金标准（GS）项目。

② 积极开发农田固碳增汇。近年来，我国农业迎来又一次革命——绿色农业。绿色农业在国家的大力扶持与推广下已初步构建了绿色生态农业发展体系，在农产品安全、资源合理配置、绿色产品供给方面都有了不同程度的进

步。在绿色农业发展中推动农业农田固碳增汇是应有之举。

想要实现"双碳"目标，农业农村实行农田固碳既是重要手段，也是潜力所在，同时也是新时代推动农业农村产业发展和现代化建设的有力推手。2022年，国家发布《农业农村减排固碳实施方案》，提出"六项重点任务"和"十大行动"，这是农业碳排放交易路径的有益探索。

发展农业碳汇是实现农业领域生态产品价值的有效途径，是我国从"绿水青山"向"金山银山"价值转化。农田碳汇主要是通过加强高标准农田建设，采用保护性耕作措施、改变水稻灌溉方式、增加秸秆还田、增加有机肥施用、采用轮作制度和合理利用土地等，提升农田土壤的有机质含量，减少温室气体排放，增强农田土壤固碳能力。

发展碳汇农业的基本路径选择主要包括以下四个方面。第一，大力发展资源节约型循环农业，减少对高碳型生产资料的依赖。发展资源节约型循环农业是减少农业的碳排放，增强农业碳汇功能的有效途径。通过充分利用农业的剩余能量，减少农业生产中废弃物的排放，完善再生资源回收利用体系，实现农业生产的低资源消耗、低废弃物排放、高物质能量利用。第二，积极推广有机农业，增强农业碳汇功能。遵循生态环境系统的运行规律，通过生物措施保持土壤肥力，利用自然的调控机制，以有机物质自我循环为基础，保护自然资源，保持稳定的生产过程的农业。第三，发展休闲观光农业，减少农作物的碳排放量。第四，改变传统的耕作方法，提高土壤的固碳水平。合理耕作、部分实行减免耕作能增加土壤有机碳稳定性，进而提高生态系统的碳储量。

(2) 完善碳汇价值实现机制的支持政策

① 积极发展碳汇基础制度。积极推动建立完善生态碳汇的定价标准和交易机制，不断强化电力交易、用能权交易和碳排放权交易等高效率衔接，同时进一步加快市场化节能方式的推广和发展，推进碳减排的市场化交易。加快第三方审定、核证机构和碳汇法律法规建设，此外，在国家碳交易相关立法加快推进的情况下，积极出台一批地方性法规、条例，以此促进碳市场快速发展。

② 完善减排固碳增汇基础体系和技术研发。建设碳汇计量检测体系。加强碳排放核算体系建设，建立统一的碳数据管理平台，借鉴其他已建立低碳试点省区的先进经验做法，综合考虑自身的实际情况，相关部门和地方政府合力推进生态碳汇计量检测体系建设，构建完备的生态碳汇指标体系和评价标准，为实现"双碳"目标提供技术支撑、理论支持和政策支持。

鼓励碳汇计量新技术、新方法的开发，最终实现碳汇产品的可计量、可报告、可监测，为加快推进绿色低碳转型发展、如期实现碳达峰碳中和目标作出积极贡献。拓展自然资源调查监测体系。充分利用数字技术等方式，推动可持续的碳核查和碳排放核查等的标准化和智慧化管理，通过碳足迹建设实现对企业从原料到产品的全过程监管，精准核算企业的碳排放量，以保障减排量可测量可核查。加强碳数据管理和维护体系。

③ 提高全社会对碳汇重要性的认识。加强林地碳汇与生态保护相关法律法规建设，加大对地方政府、企业和民众碳汇交易相关法律法规与政策的宣传教育力度。对生态碳汇的价值进行补偿，提高全社会对生态碳汇的认知程度，提高增加碳汇的积极性。政府要进一步加强相关部门之间的配合和协调，建立分工明确、任务清晰、监督有力的高效率工作机制。高度重视气候变化工作，不仅要充分考虑应对气候变化的需要，还要加强应对气候变化工作人员的能力素质建设。在相关部门的政策制定过程中，将减少温室气体排放等应对气候变化的任务充分融入各项具体工作之中，形成政策合力。

第 8 章

国内外发展低碳经济典型案例分析

本章选取国内以青海为发展低碳经济的典型案例，国外以德国、欧盟、英国为代表的典型案例，从地区到国际，分析其先进经验，以期为指导我国今后低碳经济发展提供经验及启示。

8.1 我国青海省发展低碳经济措施及成效

青海在实现碳达峰方面先行先试，落实全国统一要求，为全国能源结构转型、降碳减排作出更大的示范。"双碳"是一个整体概念，涉及经济社会的方方面面，包括经济增长和资源环境等多个层面。青海在清洁能源领域具有显著的发展优势，其生态固碳和增汇潜力巨大，因此有责任、有基础、有能力为实现国家的"双碳"目标作出积极贡献。

青海能源资源富集，发展清洁能源是青海的一大优势。依托其风光水热资源富集、互补性强，荒漠化土地广阔的资源禀赋的优势，紧抓省部共建"清洁能源示范省"的重大机遇，全力打造国家清洁能源高地，清洁能源成为了青海经济发展的新动能，清洁能源发展取得了重要成就，走在了全国前列。

8.1.1 青海省实施清洁能源战略主要做法

（1）深度开发清洁能源

青海 10 万平方千米以上荒漠化土地可以利用光伏发电及风电场建设，光伏资源理论开发量为 35 亿千瓦，风能技术开发量为 7555 万千瓦。独特的资源禀赋，给青海高质量发展提供了新契机。青海省致力促进清洁能源与生态环境的协同发展，坚持清洁能源产业生态化，深挖黄河上游水电发展潜力，实现黄河上游水电站开发建设规划，建设国家级光伏发电、风电基地，积极发展分散式风电，促进光热发电布局多元化，示范推进光热与光伏一体化友好型融合电站，扎实推进包括地热能在内的其他清洁能源的开发工作。

（2）构建新型电力系统

聚焦强化全省骨干电网建设，建设各电压等级协调发展的坚固智能电网，全面提高主网架安全可靠性。创建西北区域电力调蓄中心，实现青海与新疆电网互联，在青海形成海南、海西两大电力枢纽，促进青海乃至西北电力清洁转型。推动跨区电力外送通道发展，完成世界首条完全采用清洁能源多能互补供电的特高压通道工程满负荷送电。促进源网荷储一体化发展，积极构建源网荷储高度融合的新型电力系统发展模式。打造零碳电力系统，在"十四五"初期实现丰水期煤电全停的全网绿电实践，在2030年前实现煤电电量清零。提高需求侧响应水平，加强高载能行业中间歇性负荷的需求侧管理。

（3）清洁能源替代行动

通过布局电能替代、清洁取暖、绿色交通、绿氢应用和城乡用能等五大项目，推动经济社会可持续发展。在海西州北方地区建设冬季清洁取暖试点城市工程，在三江源地区推广清洁供暖项目，构建清洁供暖体系，在全省率先实现供暖清洁化。引导和鼓励长途客车、货车、矿山用车、家庭用车实现电动化替代。促进光伏发电制氢产业化发展，打造规模化绿氢生产基地，努力探索氢气在冶金化工领域的替代应用。建设清洁低碳的新型城镇化能源体系，加强城镇配电网建设和智能化升级，支撑新型城镇化下的清洁用能需求。开发绿色循环的乡村振兴能源系统，促进新一轮农村电网改造，扩大清洁能源开发利用规模，以清洁能源产业发展支撑乡村振兴。

（4）打造储能项目

《新能源侧储能电站规划布局方案》的原则是"统一规划、统一建设、统一调度、统一运营"。通过在黄河上游梯级电站兴建大型储能项目、积极推进抽水蓄能电站，在电源侧、电网侧和用户侧建设电化学储能电站以及在压缩空气等领域进行新型储能项目试点，促进形成以水储能为基础，电化学与光热储能双轮驱动发展模式，构建多元协同高效储能体系和储能发展先行示范区。

（5）推动产业升级

主要以光伏、储能、水电、风电等前沿技术的应用为支撑，形成绿色技术与标准，构建清洁能源技术标准与创新体系；加大技术攻关力度，促进风电和太阳能装备制造业的技术创新与发展，促进清洁能源技术和装备提质增效，建立以科技为先导的能源创新体系。做强做大清洁能源产业，大力发展清洁能源衍生产业。强化产业园区规划布局、健全产业集群、提高产业附加值、不断发展壮大清洁能源产业。参与国家碳市场交易并引导东中部地区出口产业转移到青海，示范生产多碳工业产品和多碳外贸产品，建设绿色零碳产业园。

（6）发展机制建设

通过构建上下联动，多方参与，协同推进工作机制等方式，健全省部共建保障机制；推动电力市场化改革和增量配电业务的试点；增强全省清洁能源消纳能力支持与环保和能效相关政策相匹配的产业项目集聚清洁能源基地，增强清洁电力就地消纳能力；加强政策支持保障。力争出台电价扶持政策，扶持青海省储能、光热、农畜等产业发展。出台新型储能项目管理政策对新型储能项目的备案、接网、并网以及运行调度进行规范。开展全省可利用风电、光伏发电资源调查评估，建立风光、水电等清洁能源预测预报系统，增强清洁能源开发利用的气象保障能力。

8.1.2 青海省实施清洁能源战略主要成效

近年来，青海在加快完善顶层设计、落实一系列政策措施、落地多项重大项目等方面取得了显著的清洁能源开发成效。今后，随着清洁能源产业高地建设的逐步推进，青海将会为国家能源结构转型和碳达峰碳中和作出更大贡献。

(1) 实现能源供需清洁化水平全国领先

青海作为我国清洁能源资源集中的重要省份，已具备实现这一目标及所需理想能源结构。在供给方面，青海清洁能源装机比重维持在全国前列。到2021年末，全省电力装机4286万千瓦，水电1263万千瓦，光伏1656万千瓦，光热21万千瓦，风电953万千瓦，火电393万千瓦，光伏发电装机比例接近40%，是全省最大的电源。青海清洁能源装机占比90.83%，新能源装机占比61.36%，持续保持全国最高。在需求方面，青海消纳的可再生能源在全省全社会用电量中的占比始终保持在全国前列。2021年青海可再生能源和非水可再生能源分别占全省清洁能源示范省总用电量77.1%和29.3%，均已完成国家能源局确定的激励值。2020年和2021年青海非水可再生能源在全省用电量中所占比例分别比上年同期提高5.7%和3.9%，是清洁能源示范省之首，光伏和风电对电力的支撑作用显著增强。

(2) 清洁能源产业集群形成

近年来，青海通过技术创新带动清洁能源产业迅猛发展。其中，百兆瓦级光伏发电经验基地技术、光伏电池效率转换技术、大尺度水光互补关键技术、塔式光热发电技术等许多重大技术取得了突破性进展。率先提出虚拟水电机组概念并建设了世界上最大规模水光互补发电工程，实现了大规模商业槽式光热发电工程核心技术完全国产化。投产200兆瓦N型IBC高效电池及组件生线，平均转换效率突破 23.65%，电化学储能建成和在建的容量达 112 万千瓦，国内首个电源侧单体最大储能电站和首个电网侧高原电化学共享储能共计 9.6 万千瓦项目建成运行。关键设备制造业为主体的清洁能源产业链逐步发展壮大，打造了 100% 利用清洁能源运营的大数据产业园区，促进新能源就地转化消纳。打造了光伏、储能两个千亿产业链，形成以清洁能源为引领、创新链拉动产业链的循环互促模式。

(3) "源网荷储"一体化创下多个"青海样本"

青海以"源网荷储"一体化模式为核心，精心谋划"电源、电网、负荷、储能等"总体解决方案，既推动供需双方精准匹配，又将切实解决清洁能源消纳和电网波动性问题，提升电力系统综合效率，使清洁能源产业逐渐成长。2022 年青海省健全省部共建协调促进机制，根据全国能源布局，加快项目建设步伐，青海首批 1090 万千瓦大型基地项目和玛尔挡水电站、羊曲水电站清洁能源项目正在建设中。网侧建成世界最大规模的 21 台分布式调相机群；荷侧以荷储网源一体化建设为依托，打造新能源应用与制造垂直一体化发展新模式；储侧构建了我国第一个以区块链技术为核心的共享储能市场化交易平台。

(4) "绿电+绿氢"解锁能源转型新业态

青海建成国内首个高海拔光氢储项目，2023 年发 22 亿度绿电。通过科学严谨设计，呵护脆弱生态。光伏项目的建设，不仅为当地清洁能源转型贡献成功方案，也为荒漠地区的生态改善提供了参考答案。光伏项目错落有致、高低不平，促进了当地生态环境的改善，同时同步建设了一座 3 兆瓦光伏制氢站，旨在通过光氢储一体化的技术路线和技术体系推动氢能产业链延长、价值链提升，实现绿电、绿氢消纳。

利用"光伏弃电"（指光伏发电系统中由于种种原因而无法有效利用的电能被浪费或丢弃的现象）进行电解水制氢，可整体降低制氢成本。通过绿电来制造绿氢，一方面绿氢可以当作储能来应用，存储后可以通过氢再发电，从而起到电网调峰作用；另一方面，绿氢还可以跟化工、交通产业对接。绿电和绿氢这样多能融合的解决方案，给国内未来绿电和绿氢做了一个非常好的样本示范。

青海利用高原地区非常丰富的光伏发电资源去嫁接氢能产业发展，降低了成本，提供了新领域探索。绿电和绿氢的链接、融合，能够真正地构建一个绿色、低碳、安全、高效的能源体系。

青海省建设清洁能源示范省，坚持生态优先、绿色发展，减少碳排放，助力生态保护和改善民生，生态环境显著改善，实现了将青海省的绿水青山高效转化为金山银山，促进了青海省地方经济发展，提高了青海人民的经济收入水平，朝着实现各族人民共同富裕的目标不断迈进，努力走出了一条具有青海特色的清洁能源高质量发展道路。青海省的案例为我国其他地区实现"双碳"目标提供了可推广、可借鉴的青海经验，为全社会可持续发展贡献了一份青海力量。

8.2 德国清洁能源实施情况分析

早在此轮"碳中和"热潮之前，德国便是世界范围内能源转型与低碳发展最为积极的国家之一。德国一直以来都是清洁能源领域的领导者，其清洁能源政策、技术和产业发展备受关注。1990年前德国就实现了碳达峰。2019年通过的《德国联邦气候保护法》设定了目标：到2030年，温室气体排放总量相较20世纪90年代减少至少半数，并在2050年实现碳中和。2021年5月6日，德国前总理默克尔在第十二届彼得斯堡气候对话视频会议开幕式上表示，德国实现碳中和的时间将从2050年提前到2045年，同时德国将提高减排目标，2030年温室气体排放较1990年减少65%，高于欧盟减排55%的目标。2021年5月再次通过的《德国联邦气候保护法》修订案确立了这一目标。

为提前实现碳中和目标，德国正在实施一系列积极的低碳转型措施。德国政府一直致力于推动清洁能源的发展，其中最引人注目的政策是德国能源转型计划（energiewende），该计划旨在逐步减少对化石能源的依赖，提高对可再生能源的利用，以及促进清洁能源技术的创新和发展，来推动能源结构的转型。德国通过一系列政策措施鼓励发展太阳能、风能和生物能等可再生能源的利用，包括提供补贴和优惠税收政策。同时，德国在可再生能源方面取得了令人瞩目的进展。太阳能和风能是其特别关注的领域。据报道，德国太阳能产能占全球总产能相当大的比例。风能同样也取得了显著进展，通过国内和海上风电场实现了大规模的风能发电。德国也在移动和交通领域推动清洁能源的使用。德国正在积极推广电动汽车，同时也在发展清洁交通燃料，如氢气燃料。

8.2.1 德国实施清洁能源战略的主要做法

实施清洁能源战略的主要做法体现在其能源转型计划上，该计划是德国国家政策战略的核心，主要包含三个目标：确保能源的供应安全、确保能源的可负担性和实现能源与环境及气候保护目标一致的可持续发展。以下是德国实施清洁能源战略的主要做法。

(1) 提供激励措施

德国政府通过提供激励措施，如补贴、优惠税收和固定收购价格等，鼓励企业和个人投资和采用可再生能源设施。如2020年德国出台的节能建筑联邦资助计划进一步支持建筑能效提升可再生能源在建筑领域中的应用，支持措施包含建筑保温隔墙及可再生供热系统的改造。德国政府对于符合条件的中小企业也为其能源审计提供财政支持，能源审计政策的实施降低了企业能源成本。生态激励税与能源使用税等为降低污染和节约能源提供了经济激励。这些激励措施在很大程度上推动了太阳能和风能等新能源技术在德国的发展。

(2) 设定可再生能源目标

德国明确制定了可再生能源使用目标，其中包括提高可再生能源在总能源消耗中的比例。德国的目标主要包括提高可再生能源在总能源消耗中的比例、减少温室气体排放、提高能源效率等方面。德国政府推出的《可再生能源法》《建筑能源法》及《温室气体减排配额体系》分别对电力部门、供热部门及交通运输部门做了关于能源指标的详细规定，相关法制规定的出台明确了可再生能源发展的绝对优先地位，是德国发展可再生能源的重要驱动力。

(3) 发展风能和太阳能资源

德国大力发展风能和太阳能资源。在发展风电和太阳能等可再生能源上，德国成为了全球的"领头羊"。而这得益于政府在基础设施建设、技术研发、补贴政策等方面的持续投入。德国通过良好地缘优势大力发展海上风电，建设大量海上风电场，成为全球风电技术最为先进的国家。2022年7月德国联邦内阁投票决定修改《陆上风电法》和《海上风电法》，并通过修改《自然保护法》减少风电和太阳能光伏发电的扩建障碍。德国作为全球最大的光伏市场之一，虽然阳光并不是最充足的，但是由于电价上涨和具有吸引力的补贴条件，住宅光伏设备需求不断上涨，德国太阳能行业蓬勃发展。

（4）建立清洁能源技术研发和推广中心

德国政府积极支持清洁能源技术的研发和推广中心建设，鼓励大量的科研力量和资金参与到清洁能源技术的研发和应用中，这些平台为能源技术的研发和推广提供了良好的环境和条件，为能源技术发展提供充分的人才保障，为清洁能源的推广和应用提供有力支撑，不断提高清洁技术的水平，创新性地推动了清洁能源的发展，在能源技术方面取得了许多突破性进展。

（5）建设清洁能源基础设施

在能源转型过程中，德国致力于升级清洁能源基础设施。建设了大量风力和太阳能发电厂。同时鼓励建设智能电网和储能设施，改善供电质量和运行效率，提高电网稳定性与可靠性，德国电力公司开展"未来能源网络"和"未来电力网络"规划研究，助力可再生能源的接入与发展，并与热网形成互联互交，实现新型综合能源部署，将热网和气网接入电力网络，利用能源存储设备实现电热气能的转化存储，以确保能源的高效利用和分配。

（6）将清洁能源纳入国家能源规划

德国将清洁能源的发展纳入国家能源规划的重要内容之一，制定一系列政策来鼓励和支持各项清洁能源发展的工作。以共性技术协同多部门提升能效与可再生能源应用，打通电力、供热、交通及工业等不同能源消费部门之间的耦合，促进不同部门之间的系统性连接，快速提升了各部门降碳效率，有效加强了国家能源政策的整体性推进，有助于降低一次能源和终端能源消费。

德国将能源转型计划作为一项长期战略，通过能源转型计划为可再生能源发展提供充分的政策支持和指导，努力推动国民经济和社会运行方式的转变。能源转型计划使德国的清洁能源产业得到了长足的发展，并在全球范围内赢得了很高的评价，同时为其他国家提供了宝贵的经验和借鉴价值。

8.2.2 德国实施清洁能源战略主要成效

（1）可再生能源发展

德国在可再生能源方面取得了巨大成就，可再生能源在全社会电力消费占比从2000年的6%提升到2020年的45.2%，特别是在太阳能和风能的发展方面，其中，约一半是风能，可再生能源在供热部门的占比从2000年的4%提升到2021年的16%，其中生物质能贡献超过80%。通过政府的大力支持，太阳能成为德国发电的重要来源，截至 2020 年，太阳能发电装机容量达到 52GW，占全国总装机容量的 20% 以上。同时，德国也在风能方面取得了重大突破，海上风电利用率不断提高，海上风电场已成为德国清洁电力的重要来源。

(2) 渐进的能源转型

德国能源转型（energiewende）政策于 2010 年正式实施，旨在逐步减少对化石能源的依赖，提高对可再生能源的利用。能源转型政策逐渐扩大项目领域，如工业、交通、住宅、电网等等，稳步推进社会各领域实现节能减排目标，能源转型政策在提高清洁能源比重方面取得了重要成就，使清洁能源在德国的能源结构中占据更大比重，逐步淘汰化石燃料发电，实现去煤化。

(3) 减排环境效益

由于清洁能源和能源转型政策的实施，德国的温室气体排放量显著下降。截至 2022 年德国温室气体排放量基于 1990 年下降了约 40%，减少了约 2 亿吨温室气体排放。其中，自 2009 年以来，德国的二氧化碳排放量减少了大约 28%，这部分归功于增加了可再生能源的利用。能源战略的实施不但减少了温室气体排放，还减少了其他空气污染物，对空气质量有了显著改善，提高了人类健康水平。

(4) 经济增长和创新

实施清洁能源战略为德国经济创造了新的增长点和就业机会。清洁技术和可再生能源行业的发展为德国带来了经济增长和创新动力。能源转型相关技术出口已成为德国服务贸易出口的重要组成部分，德国多个工业产品如内燃机汽车、电子电器等都能满足国际市场对可再生能源和能效提升解决方案的需求。受益于化石能源的进口量减少，能源战略的措施为德国每年节约高达百亿欧元。可再生能源行业已经成为德国就业的重要来源，创造了成千上万的工作岗位。

(5) 新能源技术发展

清洁能源战略的实施推动了新能源技术的发展，特别是在光伏、风电、生物质能源和储能技术等领域，德国的技术创新在这些领域已经处于全球领先地位，技术成熟度相对全球其他国家较高。这些技术创新有助于改进清洁能源的利用效率，并逐步降低成本。

(6) 社会参与和可持续发展

清洁能源战略的实施促进了社区和民众对能源问题的参与。德国的能源转型政策鼓励民众和社区参与可再生能源项目，推动了分散式清洁能源发展和社会参与。通过各种对话形式的多方参与，邀请公众建议与评价，获取更广泛的公众参与和支持配合政策安排。

总体来说，德国实施清洁能源战略取得的成效在环境、经济和社会多个层面都得到了显著体现。通过大力发展可再生能源、推动能源转型、改善经济增长和创新、减少二氧化碳排放和促进社会参与等举措，德国持续推进清洁能源发展，朝着可持续发展的目标迈出了坚实的一步。作为全球重要经济体，德国能源战略的成效将为应对气候变化作出贡献。从长期来看，能源战略提升德国人民的生活质量和德国经济繁荣的稳定度，为全球其他国家作出重要表率。

8.3 欧盟清洁能源实施情况分析

欧盟是《巴黎协定》的积极维护者和全球示范者，是全球率先提出碳中和计划的经济体之一。欧盟委员会早在 2011 年就提出了针对 2050 年的低碳路线展望，在 2018 年首次提出"碳中和"愿景，于 2019 年发布《欧洲绿色协议》，提出了欧洲迈向碳中和的七大转型路径。2020 年 12 月，欧盟提交给联合国气候变化大会（COP26）更新版的国家自主贡献目标（NDC），提出以 1990 年为基准年，到 2030 年温室气体排放量拟减少至少 55%，2050 年实现碳中和目标，成为全球第一片碳中和大陆。2020 年出台《欧洲气候法案》，从法律层面确保欧洲到 2050 年实现气候中和。欧盟制定了一系列清洁能源政策法规，如《巴黎协定》《欧洲能源政策框架》等，旨在确保各成员国在能源转型过程中保持一致性。欧盟整体上早在 1990 年就实现了碳达峰。长久以来，欧盟一直积极推动全球应对气候变化谈判，在应对气候变化理念上走在前列，在推进碳中和进程中起步早、进步快，已经构建了比较完善的碳中和战略框架和政策体系。

8.3.1 欧盟实施清洁能源战略主要做法

欧盟一直致力于减少对传统化石燃料的依赖，促进可再生能源和能效手段的采用。为此，欧盟实施了一系列的清洁能源战略，主要包括以下几项做法。

(1) 欧洲 2020 战略

该战略提出了欧盟在能源和气候领域未来十年的发展目标，其中，包括提高能源效率、增加可再生能源使用量、减少温室气体排放等。该战略的制定为欧盟清洁能源战略的实施奠定了基础。

(2) 可再生能源目标

欧盟设定了多项可再生能源目标，其中，到 2020 年，可再生能源在总能源消费中所占的比例达到 20%，到 2030 年，可再生能源在总能源消费中的比例达到 27%。这些目标的设立，鼓励各成员国在可再生能源方面进行投资和发展，推动整个欧盟地区的能源结构转型。

(3) 碳排放交易体系（EU ETS）

欧盟碳排放交易体系是世界上最大的排放权市场，通过设置碳排放配额和交易机制，引导欧盟内部企业减少二氧化碳排放。这一机制有效地促进了清洁能源的采用，推动了碳排放减少。

(4) 能源效率

欧盟致力于提高能源的利用效率，通过制定一系列的法规，鼓励各成员国推广能效技术，并设置了能源效率目标，例如 2020 年欧盟整体能源消耗量要减少 20% 的目标。欧盟还实施了《能源效率指令》，规定各成员国应当采取一系列措施提高能源效率。

(5) 清洁能源包

2016 年欧盟提出了"清洁能源包"计划，旨在推动欧盟的清洁能源转型。该计划包括多项措施，如建立可再生能源证书体系、设立清洁能源基金、推广电动汽车等，以促进可再生能源的发展和推广。

(6) 补贴及税收政策

欧盟各国政府在清洁能源领域给予了一系列补贴和税收优惠政策，来鼓励和支持清洁能源产业的发展。比如德国的"可再生能源法"（erneuerbare energien gesetz，EEG），该法案规定对可再生能源发电给予固定的优惠价格，鼓励可再生能源的使用。

(7) 科技创新

欧盟高度重视清洁能源技术创新，通过资助项目和研发基金，促进清洁能源技术的研发和推广。欧盟通过《地平线2020计划》等项目，支持企业和研究机构开发低碳、高效、可持续的清洁能源技术。

(8) 研发合作和国际合作

欧盟与其他国家和地区合作，推进清洁能源技术的发展。例如与中国、印度等国家签署了清洁能源合作协议，共同研究和开发清洁能源技术。

(9) 培训和宣传教育

欧盟通过各种渠道推广清洁能源知识，提高公众的环保意识，引导人们采用低碳生活方式。此外，欧盟还将清洁能源教育纳入中小学和高等教育体系，培养未来清洁能源领域的专业人才。

欧盟的清洁能源战略在一定程度上取得了显著的成效。欧盟发布的数据显示，欧盟自2005年以来，能源消耗量不断下降，可再生能源的使用增加，碳排放减少。但是欧盟在执行过程中也面临着一些挑战，例如成员国之间可再生能源的使用和发展状况不平衡、能源转型成本高等。

尽管如此，欧盟清洁能源战略为全世界提供了一个重要的范例。其在可再生能源目标设定、碳排放交易、能源效率提升和政策扶持等方面的做法，对于其他国家和地区在能源转型和清洁能源发展方面提供了重要的借鉴和参考。欧盟的清洁能源战略成果不仅有助于提升环境质量和气候改变应对，也为经济发展和社会持续稳定提供了重要支持。

8.3.2 欧盟实施清洁能源战略主要成效

(1) 减少对环境的破坏

清洁能源战略有助于减少对环境的破坏。一方面，清洁能源的使用减少了对自然资源的开采和消耗，减少了对生态系统的破坏；另一方面，清洁能源的使用减少了对水、土壤、大气等环境的污染，降低了生态环境破坏的风险。清洁能源战略的实施也有利于改善环境和空气质量。由于清洁能源的使用减少了大气中的有害排放物，如二氧化硫和氮氧化物等，有助于减少空气污染，降低了对公共健康造成的负面影响，改善了居住环境。同时，欧盟一直致力于减少温室气体排放，特别是在清洁能源战略的实施下，欧盟的温室气体排放量已经出现了显著下降。欧盟制定了一系列有关减少温室气体排放的政策和法规，如《巴黎协定》等，在这些政策的指导下，欧盟成员国加大了清洁能源的投资力度,促进了可再生能源的使用,推动了传统能源的转型,减缓了全球变暖的速度。根据欧盟的数据,2018年,欧盟的温室气体排放量比1990年下降了22%,这表明欧盟在减少温室气体排放方面取得了重要成果。

(2) 增加可再生能源使用量

清洁能源战略的实施使欧盟的可再生能源使用量不断增加。欧盟数据显示,2018年时,可再生能源在其总能源消费中的占比已升至20%,提前超额完成了欧盟为2020年设定的目标。通过减少对进口化石燃料的依赖,欧盟在实施清洁能源政策、提高能源安全水平的同时,也增加了可再生能源的使用,降低了对国际石油和天然气市场的依赖,减少了外部能源供应风险。

(3) 提高能源效率

清洁能源战略的实施也促进了欧盟的能源效率提高。根据欧盟的数据,2018年,欧盟的能源效率比2007年提高了22%,这表明欧盟在提高能源效率方面取得了显著成果。清洁能源战略也有助于提升欧盟的能源供应保障能力。多样化的能源来源和不同的能源供应渠道降低了对某一特定能源来源的依赖,也减少了能源供应的不稳定性。

(4) 促进经济增长和创造就业机会

清洁能源战略的实施不仅推动了新兴清洁技术的发展,还帮助欧盟各国培育了绿色工业,如风电、太阳能、生物质能等产业,这些产业的增长给欧盟经济带来了新的增长动能。根据欧盟委员会的数据,绿色能源行业已经成为欧盟经济增长的重要引擎,并且创造了数百万个就业机会。

(5) 发展绿色经济

清洁能源战略的实施也推动了欧盟的绿色经济发展。根据欧盟的数据,2018年,欧盟绿色产业就业人数已经达到了420万人,这表明清洁能源战略的实施为欧盟创造了新的就业机会,同时也推动了绿色经济的发展。

(6) 国际合作

欧盟实施清洁能源战略有助于促进清洁能源的技术创新。在政策的鼓励下,欧洲企业和研究机构投入更多资源来研发新的清洁能源技术,如新型太阳能电池、风力发电技术、能源存储技术等。这些技术的发展不仅有利于提高清洁能源的产能和效率,也有助于推动整个经济体系向绿色、低碳方向转型。清洁能源战略的实施也促进了欧盟与其他国家在清洁能源领域的国际合作。例如欧盟与中国、印度等国家签署了清洁能源合作协议，共同研究和开发清洁能源技术，这表明欧盟在清洁能源领域的国际合作取得了重要成果。

以上这些效果显示了欧盟实施清洁能源战略的多方面积极影响，从经济、环境、健康、社会等多个层面全面推动了清洁能源的发展和使用。这些效果既有利于欧盟实现其能源和气候目标，也对全球清洁能源发展作出了积极贡献。

8.4 英国清洁能源实施情况分析

英国作为世界重要经济体，早在1991年便实现了碳达峰，减排速度超越其他国家，在清洁能源领域处于领先地位。英国对未来减排也做出了最具雄心的目标，2019年修正的《气候变化法案》提出将2050年温室气体排放量减少80%修订为100%，即实现温室气体净零排放的目标。2020年1月31日，英国在正式宣布脱欧后立即发布《英国综合能源与计划》，全面阐述英国未来能源战略，强调了能源安全重要性。2022年4月发布《英国能源安全战略》，系统阐述风能、先进核能、太阳能和氢能等清洁能源部署的相关举措，加强长期能源安全，确保到2030年实现95%的电力来自低碳能源，到2035年实现电力系统的完全脱碳。

8.4.1 英国实施清洁能源战略主要做法

（1）能源立法促进低碳发展

对能源立法是英国实施清洁能源的基本保障，明确了在实施清洁能源过程中政府、企业等的职责和义务，运用能源立法设定节能减排、开发新能源的具体目标，在2008年制定的《气候变化法案》中设立到2050年温室气体排放量将比1990年减少80%的远景目标，同时让英国成为全球第一个将温室气体减排目标纳入法律体系的国家。2023年10月，英国颁布史上最大规模能源立法《2023年能源法》，该法也让英国变成全球第一个为核聚变能监管立法的国家，能源法主要涵盖碳捕集与封存、氢能、海上风电、核聚变能等领域，在能源获取、能源安全、能源监管方面建立了完善的制度。

(2) **大力扶持可再生能源发电技术**

发展可再生能源是实施清洁能源战略的必经之路，英国大力研发和利用可再生能源发电技术。海上风电是英国能源转型最为核心的部分，得益于其风力资源得天独厚的地理优势，英国海上风电发展迅速。英国政府的积极推动也为海上风电场的建造提供了便利。英国政府2020年发布的《绿色工业革命10点计划》第一点就是全力发展海上风电。为实现能源安全战略目标，英国采取海上风电协调支持计划，加快海上风电项目审批与设施交付运行，通过竞争降低成本，加大港口建设投资和研发资金的支持。同时，英国在发展核电方面也是倡导第四代核电技术的活跃力量，过去20年间已建成多座核电站，为实现净零排放，英国计划于2030年在8个地点建设核电场，推动反应堆顺利示范运行，这将为英国核电发展创造更大的投资空间。

(3) **建筑交通工业等领域节能化**

在推动建筑领域实现节能化方面，英国积极推广替代产品取代市场上燃气锅炉的销售，增加热泵安装实现建筑物供热脱碳，推广节能材料（包括隔热材料和低碳加热装置）的安装，提高建筑能源效率。交通领域致力于升级电动汽车、零排放飞机与船舶、零排放动力总成制造技术，成立可持续运输基金，支持轨道运输网电气化。在工业领域发展CCUS技术控制碳排放，加快可再生能源的替代，实现产业链整体的清洁高效。

(4) **设立机构加强监管措施**

英国北海油气作为本土重要能源供应，针对北海油气开发设立油气监管机构，监管部门促使北海油气运营商进行海上电气化转型，使海上油气碳排放不断降低，对于导致或可能导致海上油气污染事故要求制定应急方案，降低油气开采活动对环境的影响。油气监管局的运行，使得北海油气储量得到更加充分的利用以及本土油气产量的提升，帮助英国减少对进口化石燃料的依赖。成立气候变化委员会，规划减排目标和碳预算，拟定项目实施情况报告。

(5) **运用财税政策激励能源转型**

英国运用气候变化税、碳基金和减排基金等财税激励手段，鼓励企业与家庭减少碳排放，气候变化税激励企业加快清洁能源转型，能源账单补贴英国家庭对现有建筑进行节能改造，完成房屋供暖系统净零排放。2023年《英国能源安全战略》启动能源账单救助计划用于能源价格保障，对家庭和非家庭用户如企业、学校、医院和慈善机构等提供保障。

(6) 国际互联深化能源合作

英国携手国际伙伴合作联通，致力于维护稳定的国际能源市场和价格，积极与能源大国建立重要伙伴关系，积极举办能源战略对话，深化能源合作，提出清洁能源倡议，共享核能、风电等研发经验，协助其他国家向清洁、经济、可靠的能源过渡。

通过多年的发展，英国在实施清洁能源战略取得了重大进展，丰富的经验在世界范围内都有较强影响力和可借鉴性。清洁能源战略为英国清洁能源技术的发展指明了方向，凸显了英国在清洁能源领域的快速发展和巨大潜力，为2035年电力系统完全脱碳奠定了坚实的基础。

8.4.2 英国实施清洁能源战略主要成效

(1) 革新英国的生产方式

英国是工业革命的发源地，是最早实现工业化的国家，也最早面临传统工业带来的环境恶化问题，清洁能源战略的实施帮助英国实现了产业转型，电力行业实现了从煤炭向清洁能源的彻底转变。自1991年碳达峰以来，英国逐步关闭了大量煤电厂，转而大力发展风电、太阳能和核能等低碳能源。工业领域也在向清洁、高效、环保的方向转型。传统的高污染、高耗能行业逐渐被淘汰，取而代之的是新兴的绿色工业和高科技产业。第三产业的蓬勃发展进一步推动了英国经济结构的优化。随着服务业占据经济主导地位，英国经济从资源密集型向知识密集型转变。金融服务、信息技术、科研创新等高附加值产业成为新的经济增长点，带动了整体经济的高质量发展。

(2) 打造技术领先优势

清洁能源战略的实施使英国在可再生能源领域的技术不断突破，技术领先优势显著。在风电领域取得了大型风机的研发与应用、海上风电场的智能化管理等技术创新，在太阳能和生物质能领域，英国同样取得了重要突破，英国的太阳能光伏技术已达到国际领先水平，许多光伏产品出口到世界各地。此外，英国在第四代核电技术的研发与应用方面也走在世界前列。过去20年间，英国在核电站建设和核能技术创新方面取得了显著进展，为实现净零排放目标提供了坚实的技术保障。

(3) 培养绿色消费意识

清洁能源战略的实施不仅改变了英国的生产方式,也深刻影响了民众的消费行为和生活方式,培养了全民的绿色消费意识。绿色消费意识在英国民众中已经深入人心。越来越多的消费者在购买商品或服务时,会优先考虑其环保性能和碳足迹。例如绿色食品、有机产品、环保包装等在市场上越来越受欢迎。英国的零售业也顺应这一趋势,推出了众多环保品牌和绿色产品,满足消费者的需求。节能家电和智能家居的普及也显著提高了能源使用效率。越来越多的家庭选择安装太阳能板、使用智能温控系统、购买高效节能电器,以降低家庭能源消耗。这不仅有助于减少碳排放,也节省了能源费用。

(4) 生态环境显著改善

清洁能源战略的实施带来了显著的环境效益,使英国的生态环境质量得到了极大的改善。空气质量显著提升。随着煤炭等高污染能源的逐步淘汰、清洁能源比例的提高,英国的空气污染问题得到了有效控制。数据显示,自1990年以来,英国的PM2.5浓度下降了50%以上,许多城市的空气质量达到了历史最佳水平。空气质量的改善不仅有助于提高公众健康水平,也提升了城市的宜居性,水质和土壤污染问题得到了有效治理。英国政府通过实施严格的环保法规和监测制度,大力治理工业废水和农业面源污染,恢复了许多河流和湖泊的生态系统。许多曾经被污染的水体和土地得到了修复,生态系统逐步恢复,为生物多样性保护提供了良好的环境。生物多样性显著增加,为公众提供了亲近自然、了解自然的机会,增强了环境保护意识。

(5) 增加就业岗位,促进经济增长

清洁能源产业的快速发展带来大量的就业机会。海上风电、太阳能、生物质能、核能等领域的项目建设和运营需要大量专业技术人才和工人。政府通过培训和教育项目,帮助工人掌握新技能,以适应清洁能源产业的需求。英国政府设立了专门的培训基金,支持工人参加技能培训课程,掌握风电、太阳能、核能等领域的技术。通过这些培训项目,许多原本从事传统能源产业的工人成功转型,有了新的就业机会。清洁能源战略带动了相关产业链的发展,进一步促进了经济增长。例如绿色建筑、节能家电、智能交通等相关产业的发展,不仅创造了大量就业机会,也带动了上下游产业的繁荣。清洁能源产业与高科技产业的结合,推动了技术创新和产业升级,提升了经济的整体竞争力。

(6) 国际地位的提升

清洁能源战略的实施提升了英国在国际社会中的地位，使其在全球环境保护和可持续发展领域发挥了重要作用。英国在清洁能源技术创新方面的成就，增强了其在国际能源市场的竞争力。英国的海上风电、太阳能、核能等技术处于世界相对领先位置，为其他国家提供了重要的技术支持和经验借鉴。通过输出技术和设备，英国不仅提升了自身的国际影响力，也为全球清洁能源发展贡献了力量。英国在国际合作中的积极角色，提升了其国际地位。英国积极参与国际气候变化谈判，推动全球气候治理进程。在国际能源署、联合国气候变化框架公约等多边平台上，英国发挥了重要的领导作用，推动了国际社会在清洁能源领域的合作与共识。清洁能源战略的成功实施，为英国树立了良好的国际形象。英国被视为环境保护和可持续发展的典范国家，其在全球环保领域的声誉显著提升。通过与其他国家分享清洁能源经验，英国不仅增强了国际话语权，也为全球环境治理作出了积极贡献。

近年来，英国积极实施清洁能源战略，是清洁能源战略的倡议者和先行者，清洁能源战略的有效实施使英国稳步建设成一个更干净、更绿色、更繁荣的国家，未来英国清洁能源战略的发展前景将更加广阔。

8.5 国内外典型案例对我国发展低碳经济的启示

(1) 立足能源资源禀赋，统筹规划能源转型

从以上案例分析可以看出，成功的能源转型需要明确的立法和坚实的政策支持，统筹规划制定科学合理的能源转型路线图，通过顶层设计，制定清晰的能源战略目标。我国基础能源资源结构是富煤、少气、贫油，可再生能源总量还有待提高。我国发展低碳经济应立足能源资源禀赋国情，优化能源结构，推进能源生产和消费革命，构建清洁低碳、安全高效的能源体系。通过制定各省域能源规划和各地区能源转型路径，逐步提高非化石能源在能源消费中的比重。制定严格的监管措施和执行机制，确保能源政策和法规得到有效实施。

(2) 注重能源技术研发，实现科技创新

在油气、储能、风电、氢能、太阳能、先进核能等领域，全球以新兴能源

技术为代表的科技革命和产业变革正在兴起，不断涌现出新的颠覆性技术。如欧盟的风能和氢能布局、英国基于天然气技术研究所（GTI）的 SESR 低碳制氢新工艺、德国的光伏装机等。这些技术的突破与应用，将对现有能源系统形成代际优势。我国应利用自身科技优势与创新动能，促进政府与高校和科研机构合作，加强科技创新能力建设，推动清洁能源技术的研发和应用，同时大力推广应用共性技术，以经济数字化转型、推进智能电气化应用为抓手，强化科技赋能节能降碳，建设拥有全方面自主知识产权的清洁能源技术体系，形成特定领域的技术优势与绿色低碳国际竞争力。

(3) **增强能源供给能力，重视能源储备**

欧盟成员国、英国能源依赖进口，以多元化的能源进口渠道和增加能源储备来保障能源供应的稳定。我国同样面临能源安全的挑战，建立健全的能源储备体系对于保障能源安全至关重要，所以应该高度重视能源储备体系建设。首先应当加强石油、天然气等战略能源的储备能力，完善储备管理体系，提高应对能源供应风险的能力。加快国家石油储备基地的建设，建立多层次的石油储备体系。同时积极推动天然气储备和调峰设施建设，提高能源供应的安全性和稳定性。重视储能技术的发展，通过储能设施的建设，增强了能源供应的弹性和安全性，为应对能源安全挑战做好充分的准备。

(4) **积极发展能源国际合作，提升能源技术水平**

国内外清洁能源战略经验表明，能源国际合作是提升能源技术水平和保障能源供应的重要途径。我国应进一步加强与其他国家和地区的能源合作，积极参与全球能源治理，共享技术进步和发展机遇。同时，要加大对外技术输出和合作力度，掌握国际能源技术话语权，提升我国在国际能源市场的竞争力。

第9章

总结与展望

本章对本书的研究内容进行总结，归纳本书取得的研究成果，同时分析本书中尚未解决的问题。在此基础上，提出今后研究中需要进一步加强的方面。

9.1 研究内容总结

"双碳"目标下，碳已作为约束性指标纳入国民经济和社会发展的长期规划。因此，亟需解决高耗能、高排放的产业模式对低碳发展的制约，特别是在能源、工业、交通等关键领域，制定针对性的低碳策略。如何实现相关领域的低碳发展，降低碳排放指标，充分掌握测评各个省域碳排放总体现状，从生态学角度，全方位构建省域低碳经济生态体系，对省域低碳经济发展现状进行客观评价，有助于我们有的放矢，实施低碳减排，尽快为实现国家碳达峰碳中和目标提供对策与建议。

本书以国家"3060双碳目标"发展为契机，针对"双碳"目标下低碳经济生态体系构建系列问题进行研究。对我国省域低碳经济发展现状进行研究评价，并结合省域能源供给、消纳等特点，建立了省域低碳经济指标评价体系，提出了适合当下国情的"双碳"目标下低碳经济发展生态体系、清洁能源发展战略及实施路径：在生产和消费中优化调整能源结构，逐步减少高污染排放的化石能源消耗，提高清洁能源使用效率和消费比重，加大可再生能源研发投入和生产运用，从源头上减少碳排放，使经济增长与温室气体排放和其他污染物排放脱钩，最终实现可持续发展的经济增长和社会发展途径。主要研究内容包括以下方面。

(1) 对低碳经济发展等相关领域的研究进行了理论综述，总结了国内外在这些方面的研究现状和主要成果

分析各类研究方法的适用性与局限性，特别是针对低碳经济、清洁能源转型和碳足迹的测算方法进行对比。结合我国实际情况，识别出低碳发展的关键领域和瓶颈。通过案例分析，明确现有政策和技术在实施中的效果与不足。通过研究，我们可以确定需要优化的领域，并提出具体改进建议。这将帮助解决当前政策和技术应用中的实际问题，以增强低碳发展的实际效果。

(2) 运用协同论对我国省域能源水平供消现状、清洁能源结构与技术进行梳理和分析

"双碳"目标下我国当前大力发展可再生能源产业，虽然我国传统化石能源储量不足，风能、生物质能、太阳能等可再生能源发展潜力较大的资源禀赋决定了我国壮大清洁能源产业的可行性，进行能源战略转型、开源节流，是实现低碳经济的首要前提。因此，全面分析我国30个省域能源消费现状、能源结构、清洁能源产业构成以及相关技术和机制，成为进行能源战略转型和推动低碳经济的关键步骤。

(3) "双碳"目标下省域低碳经济生态体系模型的构建

为确保模型的全面性与适用性，本研究结合省域低碳经济现状，运用生态学思想进行系统设计。该方法注重综合性与动态平衡，全面考虑了能源需求、供给以及社会经济因素的复杂互动。在这个框架下，精心设计了一个多层次的生态模型，旨在将低碳经济的各个方面纳入考虑。该模型整合了不同的功能模块，通过考虑各模块的相互作用，创建了一个综合的省域低碳经济体系。构建了包括五个子系统的省域低碳经济生态体系模型。

(4) "双碳"目标下省域低碳经济生态体系评价指标体系的设计

低碳经济发展要实现经济、社会与资源环境的和谐，持续发展的目标。在"双碳"目标的框架下，进行了省域低碳经济生态体系评价指标体系的设计，以支持经济、社会与资源环境的全面协调发展。该体系涵盖了五个核心领域：低碳经济发展、能源供给与消耗、碳排放、碳汇能力和碳减排。具体指标包括地区生产总值增长率、碳排放总量和人均碳排放量等，系统地反映了各省域低碳转型的实际表现。通过这一评价体系，我们能够深入了解省域低碳经济发展的现状与差异，为制定更加精准的低碳政策和战略提供了坚实的数据支持和理论依据。充分了解各省域低碳经济发展实施现状，有针对性地提出了我国长久低碳发展的思路与启示。

(5) "双碳"目标下省域发展低碳经济关键路径识别

基于对省域低碳经济生态体系评价指标的深入分析，可以明确实现"双碳"目标的关键发展路径。这一路径将促进各省在低碳经济建设、生态环境改善、环境保护以及资源高效利用等方面的进步，从而推动区域低碳经济的长期可持续发展。具体内容如下。

① 路径1：基于能源消耗与供给的清洁能源供应体系设计。
② 路径2：基于减少工业碳排放的碳捕获碳储存路径设计。

③ 路径3：基于优化交通运输业碳排放减少策略下新能源交通工具的推广路径设计。
④ 路径4：基于碳减排碳吸纳的碳汇路径设计。
⑤ 路径5：基于节能提效的低碳社会系统路径设计。
⑥ 路径6：基于回收利用的绿色低碳循环经济路径设计。

(6) 发展低碳经济、实施清洁能源战略政策保障措施

基于加快推进CCS/CCUS技术应用，完善低碳经济法制保障体系，合理调整优化产业结构等措施内容，从发展政策、法律法规、补贴税收、绿证交易等方面提出切合我国省域发展实际的低碳经济保障措施。

(7) 国内外发展低碳经济典型案例分析

首先针对我国青海先进省域地区低碳经济发展进行典型案例分析，借鉴其政策及法规的有效性，为其他省域低碳经济发展提供决策依据及建议；进一步借鉴德国、欧盟、英国实施清洁能源战略、做法及主要成效，为我国发展低碳经济提供启示。

(8) 结论与展望

对本研究进行全面总结，并对后续系列研究提出方向指引。

9.2 研究展望

本书选取低碳经济、清洁能源作为研究领域，通过理论研究、实证调研，对我国省域能源水平供给消费与能源产业构成现状、低碳经济发展现状进行了分析与梳理，测度总结了影响我国省域低碳经济发展的重要评价指标因素，相应地提出了我国低碳经济发展的路径与措施，得出了一些新的结论，但是也存在一些不足。

"双碳"战略是全球领域的一次广泛的国际合作，对找寻促进我国尽快实现"双碳"目标的路径及突破口，具有一定的理论及实践意义，为后续国内相关领域研究，如何壮大发展实施清洁能源战略，如何建立相关能源行业评价标准，对标国际先进标准，完善能源标准体系，实现标准互认，如何进行碳减排、碳证交易，如何推动绿证交易，实现国内碳市场、国际绿色消费和碳减排体系衔接等一系列研究也提供了方向。以上问题需要在今后的研究工作中不断深入和完善。

参考文献

[1] Cheng Z, Hu X. The effects of urbanization and urban sprawl on CO_2 emissions in China [J]. Environment, Development and Sustainability, 2022, 25 (2): 1-17.

[2] Yousaf M R, Maruf M H. Estimating the multiple impacts of technical progress on Bangladesh's manufacturing and industrial sector's CO_2 emissions: A quantile regression approach [J]. Energy Reports, 2022, 8: 2288-2301.

[3] Zhang Z, Yu Y, Wang D, et al. Socioeconomic drivers of rising CO_2 emissions at the sectoral and sub-regional levels in the Yangtze River Economic Belt [J]. Journal of Environmental Management, 2021, 290: 112617-112617.

[4] Zhao M, Sun T, Feng Q. A study on evaluation and influencing factors of carbon emission performance in China's new energy vehicle enterprises [J]. Environmental Science and Pollution Research, 2021, 28 (40): 1-14.

[5] Jerome D, Amani E. Effects of a carbon tax in the United States on agricultural markets and carbon emissions from land-use change [J]. Land Use Policy, 2021, 103.

[6] Huang J, Chen X, Yu K, et al. Effect of technological progress on carbon emissions: New evidence from a decomposition and spatiotemporal perspective in China [J]. Journal of Environmental Management, 2020, 274: 110953-110953.

[7] Wu X, Hu F, Han J, et al. Examining the spatiotemporal variations and inequality of China's provincial CO_2 emissions [J]. Environmental Science and Pollution Research, 2020, 27 (14): 16362-16376.

[8] Chontanawat J. Driving Forces of Energy-Related CO_2 Emissions Based on Expanded IPAT Decomposition Analysis: Evidence from ASEAN and Four Selected Countries [J]. Energies, 2019, 12 (4): 764.

[9] Pan X, Uddin M K, Ai B, et al. Influential factors of carbon emissions intensity in OECD countries: Evidence from symbolic regression [J]. Journal of Cleaner Production, 2019, 200 (5): 1194-1201.

[10] Wang S, Shi C, Fang C, et al. Examining the spatial variations of determinants of energy-related CO_2 emissions in China at the city level using Geographically Weighted Regression Model [J]. Applied Energy, 2019, 235: 95-105.

[11] Chen Y, Wang Z, Zhong Z. CO_2 emissions economic growth, renewable and non-renewable energy production and foreign trade in China [J]. Renewable Energy, 2018, 131 (2): 208-216.

[12] Li S, Zhou C. What are the impacts of demographic structure on CO_2 emissions? A regional analysis in China via heterogeneous panel estimates [J]. Science of The Total Environment, 2018, 650 (2): 2021-2031.

[13] Xu Q, Dong Y X, Yang R. Urbanization impact on carbon emissions in the Pearl River Delta region: Kuznets curve relationships [J]. Journal of Cleaner Production, 2018, 180 (4): 514-523.

[14] Shen L, Wu Y, Lou Y, et al. What drives the carbon emission in the Chinese cities? -A case of pilot low carbon city of Beijing [J]. Journal of Cleaner Production, 2018, 174: 343-354.

[15] Dong F, Yu B, Hadachin T, et al. Drivers of carbon emission intensity change in China [J]. Resources, Conservation Recycling, 2018, 129: 187-201.

[16] Xie H, Zhai Q, Wang W, et al. Does intensive land use promote a reduction in carbon emissions? Evidence from the Chinese industrial sector [J]. Resources, Conservation Recycling, 2018, 137: 167-176.

[17] Leibowicz D B. Effects of urban land-use regulations on greenhouse gas emissions [J]. Cities, 2017, 70: 135-152.

[18] Liu X, Zhang S, Bae J. The impact of renewable energy and agriculture on carbon dioxide emissions: Investigating the environmental Kuznets curve in four selected ASEAN countries [J]. Journal of Cleaner Production, 2017, 164: 1239-1247.

[19] Shuai C, Shen L, Jiao L, et al. Identifying key impact factors on carbon emission: Evidences from panel and time-series data of 125 countries from 1990 to 2011 [J]. Applied Energy, 2017, 187: 310-325.

[20] Wang C, Wang F, Zhang X, et al. Examining the driving factors of energy related carbon emissions using the extended STIRPAT model based on IPAT identity in Xinjiang [J]. Renewable and Sustainable Energy Reviews, 2017, 67: 51-61.

[21] Wang S, Liu X, Zhou C, et al. Examining the impacts of socioeconomic factors, urban from, and transportation networks on CO_2 emissions in China's megacities [J]. Applied Energy, 2017, 185: 189-200.

[22] Li A, Zhang A, Zhou Y, et al. Decomposition analysis of factors affecting carbon dioxide emissions across provinces in China [J]. Journal of Cleaner Production, 2017, 141: 1428-1444.

[23] Bilgili F, Kocak E, Bulut U. The dynamic impact of renewable energy consumption on CO_2 emissions: A revisited Environmental Kuznets Curve approach [J]. Renewable and Sustainable Energy Reviews, 2016, 54: 838-845.

[24] Moutinho V, Madaleno M, Silva M P. Which factors drive CO_2 emissions in EU-15? Decomposition and innovative accounting [J]. Energy Efficiency, 2016, 9 (5): 1087-1113.

[25] Zhang D, Cao H, Wei Y. Identifying the determinants of energy intensity in China: A Bayesian averaging approach [J]. Applied Energy, 2016, 168: 672-682.

[26] Oshihiko NAKATA, et al. Shift to a low carbon society through energy systems design [J]. Science China, 2016, 53 (1): 134-143.

[27] Wang Q, Wu S, Zeng Y, et al. Exploring the relationship between urbanization, energy consumption, and CO_2 emissions in different provinces of China [J]. Renewable and Sustainable Energy Reviews, 2016, 54 (2): 1563-1579.

[28] Xu B, Lin B. A quantile regression analysis of China's provincial CO_2 emissions: Where does the difference lie? [J]. Energy Policy, 2016, 98: 328-342.

[29] Zhang Y, Da Y. The decomposition of energy-related carbon emission and its decoupling with economic growth in China [J]. Renewable and Sustainable Energy Reviews, 2015, 41: 1255-1266.

[30] Roula L I. The impact of renewable energy consumption to economic growth: A panel data application [J]. Energy Economics, 2015, 53 (1): 58-63.

[31] Xu S, He Z, Long R. Factors that influence carbon emissions due to energy consumption in China: Decomposition analysis using LMD [J]. Applied Energy, 2014, 127: 182-193.

[32] Du L, Wei C, Cai S. Economic development and carbon dioxide emissions in China: Provincial panel data analysis [J]. China Economic Review, 2012, 23 (2): 371-384.

[33] Balezentis A, Balezentis T, Streimikiene D. The energy intensity in Lithuania during 1995-2009. A LMDI approach [J]. Energy Policy, 2011, 39 (11): 7322-7334.

[34] Dagoumas A S, Barkera T S. Pathways to a low-carbon economy for the UK with the macro-econometric E3MG model [J]. Energy Policy, 2010, 38 (6): 3067-3077.

[35] Kahrl F, Roland-Host D. Growth and structural change in China's energy economy [J]. Energy, 2009, 34 (7): 894-903.

[36] Ma C, Stern D I. China's Carbon Emissions 1971-2003 [J]. Rensselaer Working Papers in Economics, 2007.

[37] Fan Y, Liu L C, Wu G, et al. Changes in carbon intensity in China: Empirical findings from 1980-2003 [J]. Ecological Economics, 2007, 62: 683-691.

[38] Shimada K, Tanaka Y, Gomi K, et al. Developing a long-term local society design methodology towards a low-carbon economy: An application to Shiga Prefecture in Japan [J]. Energy Policy, 2007, 35 (9): 4688-4703.

[39] Soytas U, Sari R, Ewing T B. Energy consumption, income, and carbon emissions in the United States [J]. Ecological Economics, 2006, 62 (3): 482-489.

[40] Wang C, Chen J, Zou J. Decomposition of energy-related CO_2 emission in China: 1957-2000 [J]. Energy, 2005, 30 (1): 73-83.

[41] 唐小焱. 中国省级能源消耗 CO_2 排放状况及未来趋势分析 [J]. 管理现代化, 2024, 24, (1): 80-189.

[42] 赵秋运, 李博文, 刘震海, 等. 区域发展战略对能源消耗的影响研究——新结构经济学视角 [J]. 科学决策, 2023, (3): 54-69.

[43] 徐英启, 程钰, 王晶晶, 等. 中国低碳试点城市碳排放效率时空演变与影响因素 [J]. 自然资源学报, 2022, 37 (5): 1261-1276.

[44] 王俊娟. 河南省碳排放、能源消费及影响因素研究——基于产业结构优化的实证分析 [J]. 经济研究导刊, 2022 (12): 134-137.

[45] 杨绍华, 张宇泉, 耿涌. 基于LMDI的长江经济带交通碳排放变化分析 [J]. 中国环境科学, 2022, 42 (10): 4817-4826.

[46] 郭承龙, 徐蔚蓝. 基于STIRPAT模型的江苏省碳排放影响因素研究 [J]. 中国林业经济, 2022, 172 (1): 89-93.

[47] 刘小丽, 王永利. 基于LMDI分解的中国制造业碳排放驱动因素分析 [J]. 统计与决策, 2022, 38 (12): 60-63.

[48] 韩文艳,熊永兰.科技大国能源消费碳排放与经济增长脱钩关系及驱动因素研究[J].生态经济,2022,38(12):13-22.

[49] 王颖.武汉市国土空间碳排放时空演变及情景模拟研究[D].武汉:中国地质大学,2022.

[50] 韩楠,罗新宇.多情景视角下京津冀碳排放达峰预测与减排潜力[J].自然资源学报,2022,37(5):1277-1288.

[51] 张翱祥,邓荣荣.中部六省碳排放效率与产业结构优化的耦合协调度及影响因素分析[J].生态经济,2021,37(3):31-37.

[52] 田娟娟,张金锁.基于STIRPAT模型的煤炭资源富集区碳排放影响因素分析[J].西安科技大学学报,2021,41(4):692-699.

[53] 徐国泉,蔡珠,封士伟.基于二阶段LMDI模型的碳排放时空差异及影响因素研究——以江苏省为例[J].软科学,2021,35(10):107-113.

[54] 蒋博雅,黄宝麟,张宏.基于LMDI模型的江苏省建筑业碳排放影响因素研究[J].环境科学与技术,2021,44(10):202-212.

[55] 沈杨,汪聪聪,高超,等.基于城市化的浙江省湾区经济带碳排放时空分布特征及影响因素分析[J].自然资源学报,2020,35(2):329-342.

[56] 余壮雄,陈婕,董洁妙.通往低碳经济之路:产业规划的视角[J].经济研究,2020,55(5):116-132.

[57] 周灵.基于Tapio模型的我国低碳经济发展研究[J].经济问题探索,2019,(6):185-190.

[58] 吴雯,李玮.中部六省交通运输业碳排放影响因素分析[J].管理现代化,2019,39(1):62-65.

[59] 姜克隽.一个强有力的2050碳减排目标将非常有利于中国的社会经济发展[J].气候变化研究进展,2019,15(1):103-106.

[60] 董棒棒,李莉,唐洪松,等.环境规制、FDI与能源消费碳排放峰值预测——以西北五省为例[J].干旱区地理,2019,42(3):689-697.

[61] 陈占明,吴施美,马文博,等.中国地级以上城市二氧化碳排放的影响因素分析:基于扩展的STIRPAT模型[J].中国人口·资源与环境,2018,28(10):45-54.

[62] 王予波.我国低碳经济发展绩效评价及影响因素分析[J].产业创新研究,2018,(3):43-46.

[63] 闫树熙,马佳佳.陕西省城市低碳经济发展水平的综合测度与评价.贵州大学学报(自然科学版),2018,35(6):112-115.

[64] 吴青龙,王建明,郭丕斌.开放STIRPAT模型的区域碳排放峰值研究——以能源生产区域山西省为例[J].资源科学,2018,40(5):1051-1062.

[65] 何建坤,卢兰兰,王海林.经济增长与二氧化碳减排的双赢路径分析[J].中国人口·资源与环境,2018,28(10):9-17.

[66] 赵巧芝,闫庆友,赵海蕊.中国省域碳排放的空间特征及影响因素[J].北京理工大学学报(社会科学版),2018,20(1):9-16.

[67] 韩钰铃,刘益平.基于LMDI的江苏省工业碳排放影响因素研究[J].环境科学与技术,2018,41(12):278-284.

[68] 张倩倩,李百吉.基于路径分析法的能源结构影响因素效应分析与政策优化[J].企业经济,2017,

36(8):11-17.

[69] 孙叶飞,周敏.中国能源消费碳排放与经济增长脱钩关系及驱动因素研究[J].经济与管理评论,2017,33(6):21-30.

[70] 王勇,毕莹,王恩东.中国工业碳排放达峰的情景预测与减排潜力评估[J].中国人口·资源与环境,2017,27(10):131-140.

[71] 郭文,孙涛.人口结构变动对中国能源消费碳排放的影响——基于城镇化和居民消费视角[J].数理统计与管理,2017,36(2):295-312.

[72] 韩梦瑶,刘卫东,唐志鹏,等.世界主要国家碳排放影响因素分析——基于变系数面板模型[J].资源科学,2017,39(12):2420-2429.

[73] 原嫄,席强敏,孙铁山,等.产业结构对区域碳排放的影响——基于多国数据的实证分析[J].地理研究,2016,35(1):82-94.

[74] 王雅楠,赵涛.基于GWR模型中国碳排放空间差异研究[J].中国人口·资源与环境,2016,26(2):27-34.

[75] 谢守红,蔡海亚,夏刚祥.中国交通运输业碳排放的测算及影响因素[J].干旱区资源与环境,2016,30(5):13-18.

[76] 万文玉,赵雪雁,王伟军.中国城市居民生活能源碳排放的时空格局及影响因素分析[J].环境科学学报,2016,36(9):3445-3455.

[77] 杜祥琬,杨波,刘晓龙,等.中国经济发展与能源消费及碳排放解耦分析[J].中国人口·资源与环境,2015,25(12):1-7.

[78] 王宪恩,王泳璇,段海燕.区域能源消费碳排放峰值预测及可控性研究[J].中国人口·资源与环境,2014,24(8):9-16.

[79] 张兵兵,徐康宁,陈庭强.技术进步对二氧化碳排放强度的影响研究[J].资源科学,2014,36(3):567-576.

[80] 孟凡生,李美莹.我国能源供给影响因素的综合评价研究[J].科研管理,2014,35(9):50-57.

[81] 丁胜,温作民.长三角地区碳排放影响因素分析——基于IPAT改进模型[J].技术经济与管理研究,2014,(9):106-109.

[82] 鲁万波,仇婷婷,杜磊.中国不同经济增长阶段碳排放影响因素研究[J].经济研究,2013,48(4):106-118.

[83] 原毅军,郭丽丽,孙佳.结构、技术、管理与能源利用效率——基于2000-2010年中国省际面板数据的分析[J].中国工业经济,2012,(7):18-30.

[84] 许士春,习蓉,何正霞.中国能源消耗碳排放的影响因素分析及政策启示[J].资源科学,2012,34(1):2-12.

[85] 宋杰鲲.基于LMDI的山东省能源消费碳排放因素分解[J].资源科学,2012,34(1):35-41.

[86] 冯碧梅.湖北省低碳经济评价指标体系构建研究[J].中国人口.资源与环境,2011,21(3):54-58.

[87] 陈仲常,谢小丽.中国GDP能源消耗强度变动趋势及影响因素解析[J].经济学家,2011,(6):56-62.

[88] 魏艳旭，孙根年等．基于技术进步的中国能源消耗与经济增长：前后两个30年的比较［J］．资源科学，2011，33（7）：1339-1345．

[89] 郑林昌，付加锋，李江苏．中国省域低碳经济发展水平及其空间过程评价［J］．中国人口·资源与环境，2011，21（7）：80-85．

[90] 张丽峰．我国产业结构、能源结构和碳排放关系研究［J］．干旱区资源与环境，2011，25（5）：1-7．

[91] 林伯强，刘希颖．中国城市化阶段的碳排放：影响因素和减排策略［J］．经济研究，2010，45（8）：66-78．

[92] 刘传江．低碳经济发展的制约因素与中国低碳道路的选择［J］．吉林大学社会科学学报，2010，50（3）：146-152．

[93] 段红霞．低碳经济发展的驱动机制探析［J］．当代经济研究，2010，（2）：58-62．

[94] 孙建卫，赵荣钦，黄贤金，等．1995—2005年中国碳排放核算及其因素分解研究［J］．自然资源学报，2010，25（8）：1284-1295．

[95] 李艳，梅张雷，程晓凌．中国碳排放变化的因素分解与减排途径分析［J］．资源科学，2010，32，（2）：218-222．

[96] 刘传江，冯碧梅．低碳经济对武汉城市圈建设"两型社会"的启示［J］．中国人口·资源与环境，2009，19（5）：16-21．

[97] 金乐琴，刘瑞．低碳经济与中国经济发展模式转型［J］．经济问题探索，2009，（1）：84-87．

[98] 刘红光，刘卫东．中国工业燃烧能源导致碳排放的因素分解［J］．地理科学进展，2009，28（2）：285-292．

[99] 宋德勇，卢忠宝．中国碳排放影响因素分解及其周期性波动研究［J］．中国人口·资源与环境，2009，19（3）：18-24．

[100] 郭菊娥，柴建，吕振东．我国能源消费需求影响因素及其影响机理分析［J］．管理学报，2008，（5）：651-654．

[101] 付允，马永欢，刘怡君，等．低碳经济的发展模式研究［J］．中国人口·资源与环境，2008，（3）：14-19．

[102] 冯相昭，王雪臣，陈红枫．1971-2005年中国CO_2排放影响因素分析［J］．气候变化研究进展，2008，（1）：42-47．

[103] 胡初枝，黄贤金，钟太洋，等．中国碳排放特征及其动态演进分析［J］．中国人口·资源与环境，2008，（3）：38-42．

[104] 刘燕华，葛全胜，何凡能，等．应对国际CO_2减排压力的途径及我国减排潜力分析［J］．地理学报，2008，（7）：675-682．

[105] 赵进文，范继涛．经济增长与能源消费内在依从关系的实证研究［J］．经济研究，2007，（8）：31-42．

[106] 杜婷婷，毛峰，罗锐．中国经济增长与CO_2排放演化探析［J］．中国人口·资源与环境，2007，（2）：94-99．

[107] 吴巧生，成金华．中国工业化中的能源消耗强度变动及因素分析——基于分解模型的实证分析

[J]．财经研究，2006，(6)：75-85．

[108] 徐国泉，刘则渊，姜照华．中国碳排放的因素分解模型及实证分析：1995-2004 [J]．中国人口·资源与环境，2006，(6)：158-161．

[109] 韩智勇，魏一鸣，范英．中国能源强度与经济结构变化特征研究 [J]．数理统计与管理，2004，(1)：1-6＋52．

[110] 赵丽霞，魏巍贤．能源与经济增长模型研究 [J]．预测，1998，(6)：33-35，50．